W0108541

Dietmar Grieser
Geliebte Ukraine

Inhalt

Reisen in ein fernes nahes Land

Vorwort

Es ist lange her, dass das Wiener Hauptpostamt am Fleischmarkt noch rund um die Uhr, mit Einschränkungen sogar auch sonn- und feiertags, Schalterdienst hatte. Ich habe diese mittlerweile anachronistischen Möglichkeiten seinerzeit gern genutzt, um bei meinen postalischen Erledigungen den werktäglichen Warteschlangen auszuweichen. Wenn ich dann, gar an einem Schönwettersonntag, auf dem Heimweg von der Inneren Stadt zu meinem Wohnbezirk Landstraße die Postgasse durchschritt, musste ich auf der Höhe des Hauses Nummer 8 bisweilen vom Trottoir auf die Fahrbahn wechseln, so dicht war das Gedränge vor der dortigen St. Barbarakirche: Das von manchen Wienern – leicht verkürzt – Ukrainerkirche genannte Gotteshaus zog besonders zu bestimmten Feiertagen so viele Gläubige an, dass der Innenraum bei Weitem nicht allen Platz bot.

Mein Bemühen, beim Vorbeimarsch ein paar Sprachbrocken der Umstehenden aufzufangen, führte zu nichts: Ich verstehe keines der slawischen Idiome, konnte nicht einmal sicher sein, dass das, was da an mein Ohr drang, explizit Ukrainisch war. Denn St. Barbara, so wusste ich aus Bandions Wiener Kirchenführer *Steinerne Zeugen des Glaubens*, stehe traditionell auch anderen Zweigen der Ostkir-

7

che und deren Zeremonien zur Verfügung, so etwa Gläubigen rumänischer, bulgarischer oder mazedonischer Nationalität. Für das autochthone Wien, so war nicht ohne Schmunzeln zu vernehmen, könnten gewisse mariatheresianische Bezüge des Kircheninneren fast von stärkerem Reiz sein als dessen orientalische Besonderheiten, darunter vor allem die an die Andreas-Kirche von Kiew erinnernde Ikonenwand. So trage das Altarbild der heiligen Barbara untrüglich gewisse Gesichtszüge der jugendlichen Kaiserin, und das Christus-Antlitz auf dem Prozessionskreuz, einer besonderen Kostbarkeit der Pfarre St. Barbara, stelle eine Petitpointstickerei dar, die von keiner Geringeren als Maria Theresias Tochter Marie Antoinette angefertigt worden sei.

Umso ukrainischer wird's dann wieder rund um das Portal der Barbarakirche, wo der Schriftsteller Iwan Franko und der Komponist Andrij Hnatyschyn Wache halten – Letzterer in Gestalt eines lorbeerumkränzten Porträtreliefs, Ersterer als veritables Denkmal. Überhaupt ist die Erinnerungskultur der Ukrainer in Wien hoch entwickelt und von erstaunlicher Beständigkeit. So hält die lebensgroße Kolschitzky-Figur in der 1862 nach diesem benannten Gasse Ecke Favoritenstraße, obwohl inzwischen wissenschaftlich widerlegt, die alte Legende aufrecht, der gebürtige Galizier Georg Franz Kolschitzky, der sich während der Zweiten Wiener Türkenbelagerung als kaiserlicher Hofkurier nützlich gemacht hat, habe anno 1683 das erste hiesige Kaffeehaus gegründet. Stimmt nicht. Dieses Verdienst kommt dem mit türkischen Exportwaren handelnden Armenier Johannes Deodat zu.

Doch nochmals zurück zur heiligen Barbara in der Postgasse und meinem Heimweg in den dritten Bezirk. Nicht genug, dass diese Strecke, wie wir gesehen haben, sozusagen »ukrainisch« beginnt, sie *endet* auch »ukrainisch«: Wie oft musste ich, wenn ich nach diesen zwanzig Minuten Fußmarsch vor meinem Wohnhaus am Dannebergplatz 20 eintraf und mein Blick auf das Nebenhaus fiel, daran denken, dass dort, also auf Nummer 19, lange vor meiner Zeit (als die Adresse noch Arenbergring lautete) ein berühmter Künstler aus der Ukraine gewohnt hatte, dessen späteres entsetzliches Schicksal nicht nur die Musikfreunde in aller Welt erschüttert hat: der Sänger Joseph Schmidt. Vielleicht haben auch Sie, verehrte Leserschaft, noch den Hit *Ein Lied geht um die Welt* im Ohr, der den Czernowitzer Tenor in den Dreißigerjahren und darüber hinaus zum Publikumsliebling gemacht hat. Ich werde über ihn (ab Seite 113 dieses Buches) berichten – ebenso wie über etliche weitere international Namhafte unter seinen Landsleuten. Nur eines vorweg: Sollten Sie eines Tages an Joseph Schmidts Wiener Wohnadresse vorbeikommen und dort die eigentlich zu erwartende Gedenktafel vermissen, gehen Sie einfach ein paar hundert Meter weiter. Auf dem Gelände zwischen Rennweg und ehemaligem Aspangbahnhof hat die Stadt Wien 1995 einen Platz nach Joseph Schmidt benannt, und auch in »meinem«, dem Bezirksmuseum Landstraße wird des mehr

9

als tragischen Schicksals dieses mit nur 38 Jahren in seinem Exilland Schweiz elend ums Leben Gekommenen liebevoll gedacht. Meine Anregung, ihm bei Gelegenheit eine eigene Ausstellung zu widmen, wurde von der Museumsleitung freudig aufgenommen; sie ist fix geplant.

Mit einigen Kapiteln dieses Buches soll auch der Versuch unternommen werden, die zahlreichen, vor allem historischen Berührungspunkte zwischen Österreich, respektive der Habsburgermonarchie, und der Ukraine aufzuzeigen, und dies nicht zuletzt auf der Grundlage persönlicher Erfahrungen.

Dazu zählen meine Recherchen im Raum Lemberg, dem heutigen Lwiw, wo es mir um die Erkundung des Schauplatzes von Georg Trakls monumentalem Kriegsgedicht *Grodek*, oder im südlichen Umland von Kiew, wo es um das reale Urbild der durch das Musical *Anatevka* weltberühmt gewordenen Scholem-Alejchem-Figur Tewje (»Wenn ich einmal reich wär«) ging. Letzteres, das kurzzeitige Eintauchen in die lange versunkene Kulturwelt des jüdischen *Schtetls*, hatte mich dermaßen tief beeindruckt, dass ich in der Folge sogar der Haupterbin des Dichters, der selbst namhaften Autorin Bel Kaufman, bis nach New York nachgereist bin. In Paris bin ich 1980 der Witwe des wohl bedeutendsten unter den aus Czernowitz stammenden Dichtern deutscher Zunge, Paul Antschel alias Celan, begegnet. Gern kennengelernt hätte ich auch den herrlichen Geschichtenerzähler Gregor von Rezzori; es hat sich leider nicht ergeben.

Für die besondere Strahlkraft herausragender Persönlichkeiten aus dem ukrainischen Kulturraum, deren Wirken draußen in der Welt starke Spuren hinterlassen hat, stehen neben vielen anderen die Namen Trotzki und Sacher-Masoch. Ersterer, der aus der Region Cherson stammende Revolutionär Leo Bronstein (Deckname Trotzki), verbrachte mit seiner Lebensgefährtin Natalia Sedowa, die in Charkow die Klosterschule besucht hatte, und den gemeinsamen Kindern sieben glückliche Jahre in Wien, während Leopold von Sacher-Masoch, Sohn des Polizeichefs von Lemberg und Verfasser von Novellen über das bäuerliche beziehungsweise jüdische Leben seiner Geburtsheimat Galizien, nach Prag, Graz und ebenfalls Wien übersiedelte (und als »Vater« des Masochismus in die Geschichte der Sexualpathologie einging).

Keiner eigenen Spurensuche in Troizk, einem unscheinbaren Dorf im südukrainischen Kreis Wosnessensk, bedurfte es, um die hochdramatische Lebensgeschichte des sogenannten »Rumpfmenschen« Nikolai Basilowitsch Kobelkoff aufzublättern, der es trotz kaum vorstellbarer Behinderung nicht nur zu sechsfacher Vaterschaft, sondern vor allem zu einer einzigartigen Karriere als international gefeierter Akrobat gebracht hat: Nirgendwo weiß man über die Höhen und Tiefen seines Lebens besser Bescheid als in den Archiven von Wien, wo der anno 1851 in dem erwähnten Kosakendorf Geborene unter übermenschlichem Kraftaufwand doch noch zu seinem Glück fand. Als er am 19. Jänner 1933 82-jährig in seiner Praterhütte starb, gaben Hunderte seiner Schaustellerkollegen und Aberhunderte Wiener Bürger dem Kindersarg, in dem Kobelkoffs Leichnam ruhte, auf dem Weg zum Zentralfriedhof das letzte Geleit.

Ein gänzlich anderes Thema ist meine im Frühjahr 1979 absolvierte Reise in eine Stadt, die 36 Jahre später und erst recht ab Februar 2022 weltpolitische Schlagzeilen machen sollte: die ostukrainische Industriemetropole und russophile Separatistenzentrale Donezk. Ich arbeitete damals an dem Buch *Irdische Götter*, für dessen Cover der erklärende Untertitel *Idole und ihre Kultstätten* vorgesehen war. Die Kapitel über den Callas-Tempel bei Desenzano, Elvis Presleys Graceland oder die Kennedy-Homestead im südirischen Dunganstown verlangten – es war mitten im Kalten Krieg zwischen Ost und West – nach einer Art Kontrapunkt in einem der Kernländer des real existierenden Sozialismus. Meine Wahl fiel auf jenen Ort, dessen Name mit einer heute weithin vergessenen Kultfigur der sowjetischen Arbeitswelt verknüpft war: Alexej Stachanow. Hier, in einer der gigantischen Kohleminen von Donezk, hatte der 1905 geborene Bergmann als Dreißigjähriger einen spektakulären Rekord aufgestellt, seine Arbeitsnorm um das Vierzehnfache übertroffen. Als »Held der Arbeit« mit Ehren überhäuft, mit Privilegien ausgestattet, ging der Name Stachanow bald auch in den westlichen Sprachgebrauch ein. Ich erinnere mich, wie man in meiner Studentenzeit Kommilitonen, die sich bei ihrem Tun besonders ins Zeug legten, sich neben dem Studium am Bau oder in der Landwirtschaft abrackerten oder sich mit anderen Gelegenheitsjobs »etwas dazuverdienten«, als »der reinste Stachanow« teils bestaunte, teils verhöhnte. Ich stand selber als 19-Jähriger eine Zeit lang an einer der Bohrmaschinen einer Landmaschinenfabrik – »im Akkord« nannte man die nicht auf Stunden-, sondern auf Stückzahl basierende Entlohnung.

Mag sein, dass es diese meine Jugenderinnerungen waren, die meinen Entschluss beflügelten, das Mekka der »Arbeitshelden« kennenzulernen: Donezk. Reisen in den sogenannten Ostblock und gar in die Sowjetunion waren damals, in den Siebzigerjahren, stets mit Komplikationen verbunden, mit Ängsten und Verboten, und wenn es sich um von der Norm abweichende, um andere als die staatlich »approbierten« Touristenziele handelte, war an die Erteilung einer Einreisebewilligung nicht zu denken. Nicht so in Donezk: Hier – und gar mit meiner erklärten Absicht, mich für etwas so Rühmliches wie die Stachanow-Bewegung zu interessieren – war ich hochwillkommen, erhielt mein Visum, mein Aeroflot-Ticket und (an Ort und Stelle) jede gewünschte Unterstützung und Information. Mehr dazu ab Seite 17.

Bevor ich daranging, diesen samt meinen anderen zum Großteil älteren Texten für das vorliegende Buch zusammenzustellen, war eine grundsätzliche Entscheidung zu treffen: Sollte ich meine Aufzeichnungen von damals aktualisieren, »auf den heutigen Stand bringen«, oder sollte ich sie – sozusagen als authentische Dokumente ihrer jeweiligen Entstehungszeit –

in Inhalt wie Form belassen? Bei den Reisereportagen habe ich mich für Letzteres entschieden. Jede krampfhafte Bearbeitung, so denke ich, wäre in Wahrheit Verfälschung. So steht also, damit der heutige Leser sich auskennt, bei jedem dieser »historischen« Texte die betreffende Jahreszahl im Kapiteltitel. Jene Kapitel, welche die Lebensgeschichte berühmter Persönlichkeiten erzählen, wurden teilweise adaptiert, um dem Fokus auf Land und Leute gerecht zu werden.

Der jüngste der insgesamt dreizehn Texte stammt aus dem Frühsommer 2022 und ist – stellvertretend für die ukrainische Community im heutigen Wien – aus einem Treffen mit der Sängerin Zoryana Kushpler hervorgegangen, die von 2007 bis 2020 dem Ensemble der Wiener Staatsoper angehört hat und vor allem mit ihrer Paraderolle als Prinz Orlofsky vielen Opernfreunden in lebhafter Erinnerung ist.

Die über die Jahrhunderte zum Teil mehrfach veränderten ukrainischen Ortsbezeichnungen wurden in der jeweiligen zur Zeit der Handlung des betreffenden Kapitels gültigen Form belassen, sofern nicht aus Nostalgie altösterreichische Bezeichnungen wie Lemberg verwendet werden. Eine Übersicht über die am häufigsten verwendeten historischen beziehungsweise heutigen Städtenamen findet sich am Ende des Buches.

Noch ein letztes Wort, bevor es mit meiner kleinen Ukraine-Revue losgeht: *Geliebte Ukraine* ist unter meinen über vierzig Büchern nicht das erste dieser Art. Schon bei der Arbeit an dem Tschechien-Band

Die böhmische Großmutter und mehr noch bei dem nachfolgenden *Onkel aus Pressburg* habe ich – und wohl nicht nur für meine Person – mit Bedauern, ja beschämt feststellen müssen, wie wenig wir Heutigen über unsere Nachbarvölker Bescheid wissen. Noch um einiges mehr gilt dies für die Ukraine, obwohl auch sie – in einigen Teilen – bis 1918 dem alten, dem kaiserlichen Österreich angehört hat. Dass unser beider Staaten heute nicht mehr unmittelbar aneinandergrenzen, mag einer der Gründe dafür sein. *Reisen in ein fernes nahes Land* habe ich seinerzeit mein Böhmen-Buch im Untertitel genannt. Möge die Ukraine oder was der mörderische Krieg aus ihr machen wird für uns in Hinkunft kein »fernes Land« mehr sein. Insofern verstehe ich den Titel des vorliegenden Buches nicht zuletzt als Aufforderung an uns alle, dieses geschundene Land und seine Menschen besser kennenzulernen, sie mit allen unseren Kräften zu unterstützen, sie zu lieben.

Ein Reitpferd für Stachanow

Donezk 1979, 43 Jahre vor dem Großen Krieg

Ich bin schlecht ausgerüstet, in der Eile des Aufbruchs habe ich nur den Kleinen Polyglott in den Handkoffer gepackt, er erwähnt das Ziel meiner Reise mit keinem Wort. Dabei ist Donezk eine Stadt von über einer Million Einwohnern, die zwölftgrößte der Sowjetunion. Aber unsere westlichen Reiseführer entscheiden nach anderen Kriterien: Ohne Kremlmauer und Holzkirche, ohne Potemkin-Treppe und Goldenes Tor kommst du da nicht hinein, Fördertürme und Kohlenhalden lassen sich schwer als touristische Fünfsternattraktionen verkaufen. Und trotzdem: eine Stadt von einer Million Menschen einfach so unterschlagen, einfach so mir nichts dir nichts auf der Landkarte ausradieren?

Ich weiß, auch die andere Seite macht Fehler. Natürlich ist es lächerlich, den Begleittext des offiziellen Donezk-Bildbandes mit einem Satz wie diesem zu eröffnen: »Jeder, der in diese Stadt kommt, verliebt sich in sie auf den ersten Blick.« Den möchte ich sehen, dem solches widerfährt. Da kann er aus dem tiefsten Sibirien anreisen: Donezk bleibt Donezk. Kohlenschächte und Wohnblocks. Und die Kohlenschächte sind das Schönere von beidem.

Ich will nur sagen: Hochjubeln ist ebenso töricht wie Ignorieren, mit dem Trotz der Verzweiflung ist dem Phänomen Donezk ebenso wenig beizukommen wie mit der Arroganz der touristischen Testtrupps. Donezk ist ein Fall für sich und will als solcher behandelt werden. Donezk ist eine Stadt mit Titel.

In der Sowjetunion, wo es bekanntlich an manchen anderen Vergünstigungen mangelt, wird umso reichlicher mit Titeln hantiert: mit Titeln, Verdienstmedaillen, Orden. Nicht nur der einzelne Staatsbürger kann sich im Laufe eines arbeitsreichen Lebens die Brust damit vollpflastern, auch ganze Kollektive kämpfen um das Prädikat »Held der sozialistischen Arbeit«, ganze Betriebe, ganze Städte. Donezk, die Millionenstadt in der Südost-Ukraine, in zaristischer Zeit Jusowka, bis 1961 Stalino genannt, ist ein solches Exemplar. Ihr hat man den Titel »Stadt des Arbeitsruhms« verliehen. Es erinnert ein wenig an die Praktiken mancher Gemeinwesen, ausdrücklich solche Künstler mit Preisen zu überhäufen, deren Œuvre unscheinbar, deren Publikumserfolg gering und deren Einkünfte bescheiden sind. Hat er schon nichts, so soll er sich die Wände mit Diplomen tapezieren können. Ausgleichende Gerechtigkeit.

Übrigens stimmt der Vergleich nicht ganz. Er stimmt nur, soweit es das Äußere betrifft: den Glamour einer Stadt. Da ist Donezk natürlich auf total verlorenem Posten – allen Grünanlagen und Kulturparks, allen Museen und Theatern zum Trotz. Und auch die Lebensqualität kann bei so verpesteter Industrieluft unmöglich Spitzenwerte erreichen. Anders sieht es mit dem materiellen Ertrag aus: Eine Stadt, deren

72 000 Kumpel in 24 Bergwerken täglich 70 000 Tonnen Kohle fördern, wird man wohl nicht als quantité négligeable abtun dürfen.

Was also tun?

Man verleiht ihr die Auszeichnung »Stadt des Arbeitsruhms«. Macht sie zum Aushängeschild marxistisch-leninistischen Leistungskults. Mit dem Bergmann Alexej Grigorjewitsch Stachanow als Hauptdarsteller, der Traktorführerin Gaganowa und der Spinnerin Proskurina in den Nebenrollen und der übrigen Bevölkerung als Komparserie.

Ich glaube, es ist die Sache wert, sich auch an einer solchen Kultstätte umzusehen.

Ich bin einmal, bei anderer Gelegenheit, von Moskau nach Leningrad geflogen – noch heute habe ich die Bordlautsprecherstimme der Aeroflot-Stewardess im Ohr: »Unsere Maschine fliegt in einer Höhe von 8000 Metern und mit einer Geschwindigkeit von 750 Stundenkilometern. Die Mannschaft dieses Flugzeuges kämpft um den Titel der sozialistischen Arbeit.« Die Sache befremdete mich damals, irgendwie war sie wohl auch außerhalb meiner Vorstellungskraft, zudem fühlte ich mich durch die Verlautbarung belästigt: Was gehen mich, den Passagier aus dem Westen, diese östlichen Wettbewerbsrituale an? Sie sollen mich sicher ans Ziel bringen, auch gegen ein Kaviarbrötchen und ein Glas Krimsekt habe ich nichts einzuwenden – aber alles andere ist ihre Sache. Bitte keine Propaganda – nicht auch noch in der Luft. So ungefähr denken wir doch alle, stimmt's?

Dieses Mal will ich es mir nicht so leicht machen. In Donezk will ich versuchen, der Sache auf den Grund zu gehen.

Ein Intourist-Wagen bringt mich von Scheremetjewo, Moskaus internationalem Flughafen, zum Binnenflughafen Wnukowo. Die Fahrt dauert fast eine Stunde, aber ich habe keinen Grund zur Eile: Die Maschine nach Donezk, auf die ich gebucht bin, startet erst nach Mitternacht. Ich richte mich also auf einen langen Abend in der Ausländerwartehalle ein. Russischer Brandy, kubanischer Tabak, Anti-China-Material in den Bücherstellagen – irgendwie werde ich schon über die Runden kommen. Reval, Lemberg, Odessa – Donezk ist die letzte Maschine heute Nacht, ich der letzte Passagier. Die Putzfrauenbrigade sorgt für Bewegung, mehrere Male muss ich den Platz vorm Fernseher wechseln. Dabei interessiert mich die Nachtsendung: Es ist ein Jewtuschenko-Programm, Russlands Paradelyriker bei einem seiner berühmten Auftritte. Ein dicht gefüllter moderner Saal mit im Halbrund angeordnetem Auditorium, ausschließlich junge Leute, ungeheuer aufmerksam, fast andächtig. So manchen westlichen Autor würde der Neid packen: Nach jedem Gedicht orkanartige Zustimmung, ein Ende der Darbietung ist nicht abzusehen. Ich habe versäumt, auf die Uhr zu schauen: Sind es nun schon anderthalb Stunden? Oder zwei? Am Ende drei? Man darf zwischendurch aufstehen, nach vorn gehen und auf einem Tischchen neben dem Mikrofon seine Wünsche deponieren: Zettel, auf denen man das

Gedicht seiner Wahl notiert hat. Jewgeni Jewtuschenko, groß gewachsen, kurzer Haarschnitt auf dem asketischen Kopf, Kittelhemd über der Hose, pathetisch selbst noch in der Entgegennahme der Hörerwünsche, rollt die »r« und rollt die Augen, schwingt die Stimme und die Arme, schwelgt in Reimen und in Rhythmen, appelliert und leidet, und sein Auditorium leidet mit ihm – ich habe niemals eine Dichterlesung wie diese erlebt, und es ist nur folgerichtig, dass das Finale in einem Berg von Blumen untergeht. Thema Kult – ich bin im richtigen Land.

Wie aber geht unterdessen mein Leben weiter? Kein Aufruf der Donezk-Passagiere, es ist ein Uhr vorbei, mir wird langsam unheimlich, hat man mich vergessen? Mit reichlich einer Stunde Verspätung fliegen wir schließlich ab, eine Bodenhostess führt mich zum Flugzeug. Wie mag sie in dunkler Nacht unter all den vielen Vögeln den richtigen finden? Ich verrate es Ihnen: Sie fragt sich durch, beim dritten oder vierten Piloten haben wir Glück.

Schwaches Licht an Bord: Ich nehme ein paar junge Mütter mit Babys im Arm wahr, den Rest bilden Männer von jenem rauen Typ, den man sich von einer »Stadt des Arbeitsruhms« wohl erwartet. Mein Sitznachbar liegt bereits in tiefem Schlaf: Schnarchlaute und Knoblauchschwaden. Gegen drei Uhr früh landen wir: zerschlagen, missmutig, übernächtigt. Was wird jetzt sein? Man weiß ja auf Reisen in der Sowjetunion vorher nie, wo man einquartiert sein wird. Man weiß nur: Man wird abgeholt. Abgeholt – zu dieser unmöglichen Zeit? Ich würde es meinem Todfeind nicht zumuten. Aber da steht sie auch schon, gleich beim Eingang zum Flughafengebäude, und lächelt ihr gequältes »Are you Mister Grieser?«, ich lächele zurück und bejahe, rasch das Gepäck, hinein in den Wagen, ab zum Hotel. Könnte ich das alles denn nicht auch allein bewerkstelligen – ohne dass ein entzückendes junges Ding für zwei Uhr früh den Wecker stellen, den köstlichen ersten Schlaf unterbrechen, sich mitten in der Nacht zum Flughafen quälen, dort auf die Landung einer obendrein verspäteten Maschine warten und einen reichlich überflüssigen Ankömmling bei seinem Hotel abliefern muss? Gastlichkeit oder Misstrauen? Einerlei: zu dieser Stunde jedenfalls der reine Schwachsinn. Mir tut Rimma, mein Intourist-Schutzengel, von ganzem Herzen leid. »Stadt des Arbeitsruhms« – könnte dieser Ruhm denn nicht ein klein bisschen menschlicher sein?

Rimma und ich vereinbaren, dass wir uns wenigstens mit dem Start unseres Donezk-Programms Zeit lassen und uns zunächst einmal ausschlafen wollen, den kommenden Vormittag geben wir einander frei.

Ich wohne im Hotel Druschba – Druschba heißt Freundschaft. Aber es könnte ebenso gut Arbeitsruhm heißen: Unglaublich, wie viele dienstbare Geister um diese Zeit auf den Beinen sind. Kein grämlicher Nachtportier, keine brummige Etagenfrau, sogar Tee wollen sie mir noch aufs Zimmer bringen, ich winke ab, jetzt nur rasch ins Bett.

Die Frau vom Frühstücksbüffet, Herrin über Bratheringe und Frikadellen, Hühnerkeulen und Käselaibe, Butterblöcke, Salzgurken und Teekessel, ist meine erste Begegnung bei Tageslicht: Die freundliche Umsicht, mit der sie die lange Gästeschlange abfertigt, schließt an diesem Morgen auch ein exotisches Wesen aus der anderen Erdhälfte mit ein.

»Stadt des Arbeitsruhms« – schon nach den ersten paar Schritten durch die Straßen von Donezk weiß ich: Die Sache steht nicht bloß auf dem Papier. Ich komme an einem riesigen Fotoatelier vorüber, die Schaufenster gehen über von Mustern: Arbeiterporträts, die Revers gespickt mit Anstecknadeln, Betriebsmedaillen, Parteiorden. In der Eingangshalle der Universität großformatige Schautafeln: Produktivitätskurven und Leistungsbilanzen, Appelle zu weiterer Steigerung, zu anhaltender Mehrung des Ruhms. Auf einer der Rasenflächen des Stadtparks ein aufgeschlagenes Buch, es ist eine überdimensionale Steinmetzarbeit, immer wieder frisch grundiert und mit den neuesten Siegernamen versehen: den Siegernamen aus den tausend und abertausend Wettbewerben – irgendwas läuft ja da immer. Auch die Denkmäler der Stadt sind in die allgegenwärtige Verherrlichung des Arbeitsruhms eingespannt: Wer keinen Presslufthammer in der Hand hält, streckt den Straßenpassanten zumindest einen Brocken Kohle entgegen, und das stilisierte Postament, von dem Lenin auf sein Donezk herniederblickt, ist unschwer als Flöz zu deuten. In den Donezk-Bildbänden, die ich mir in der Buchhandlung vorlegen lasse, sehe ich Fotos von strahlenden Bergleuten, nach Erringung des »Arbeitssiegs« mit Blumen überschüttet, andere halten eine Art Riesenbrikett in der Hand, auf dem mit weißem Schriftzug der gemeinsame Stolz auf die vorzeitige Erfüllung des Fünfjahresplans festgehalten ist, Ehrenveteranen tragen prächtige rote Schärpen überm Jackett, die ihre Verdienste spruchbandartig preisen – mit meiner ordensfreien Brust komme ich mir reichlich nackt vor.

Rimma, meine Betreuerin, stammt selber aus dem »Milieu«: Ihr Vater ist Montaningenieur, ihr Mann hat in einer der 24 Gruben der Stadt mit der Computerüberwachung zu tun. Die Einfahrt ins Bergwerk gehört zu ihren Standardprogrammen, und meistens sind es Fachleute, die sie bis unmittelbar an die Streben zu begleiten, denen sie in tausend Meter Tiefe beim Dröhnen der Hämmer Dolmetschdienste zu leisten hat. Daran gemessen, bin ich ein ausgesprochen angenehmer Fall: Auch wir durchwandern die Stollen der Grube »Maxim Gorki«, beobachten die Kumpel bei ihrer schweren Arbeit, aber ich peinige Rimma nicht mit Fachfragen nach dem letzten technischen Detail. Habe ich nicht Mühe genug, mit meiner Besucherausrüstung zurechtzukommen? Wer würde glauben, welche Probleme allein das fachgerechte Wickeln der Fußlappen aufwirft!

Anschließend Privatissimum in der Chefetage. Rimma organisiert eine Sonderlektion zum Thema Arbeitsruhm. Der Direktor der Grube, ein drahtiger Mann in den Fünfzigern, dem man auf den ersten

Blick den Aufstieg vom einfachen Kumpel ansieht, hat noch den guten alten Stachanow persönlich gekannt. Der war es, mit dessen spektakulärem Rekord – noch in der Ära Stalin – der eigentliche Arbeiterheldenkult eingesetzt hat: in jener Nacht vom 30. zum 31. August des Jahres 1935, als er, auf Anhieb und im Alleingang, seine Arbeitsnorm ums Vierzehnfache übertraf, er, der Kleinbauernsohn aus dem Raum Orjol, der, der Plackerei in der Kulakenmühle überdrüssig, in der Donbass-Grube »Irmino« sein Glück versuchte, zunächst als Pferdetreiber, Huntenbremser und Kohlenschipper, dann zum Häuer aufstieg und schließlich, indem er die Arbeit am Hammer von der des anschließenden Verzimmerns der Strebe streng trennte und das Brigadensystem einführte, atemberaubende Produktivitätssteigerungen erzielte und damit noch zu Lebzeiten das Wunder vollbrachte, den Namen eines einfachen Arbeiters, vielleicht des ersten in der Geschichte überhaupt, in die Schulbücher seines Landes zu katapultieren und in die Lexika und Enzyklopädien der ganzen Welt. Stachanow – das war nun nicht mehr bloß der Name irgendeines Kumpels aus der Ukraine, sondern ein stehender Begriff: für optimal gesteigerte Arbeitsproduktivität, für Übererfüllung der Norm.

Im Heimatmuseum von Donezk gebe es eine eigene Stachanow-Abteilung, in Woroschilowgrad sogar ein ganzes Stachanow-Museum, in Tores, wo er zuletzt gelebt habe, stehe sein Denkmal, die Grube Nummer 243 trage seinen Namen, desgleichen eine der großen Bergarbeiterschulen der Ukraine, und die Bergbaustadt Kadijewka habe man nach seinem Tod in Stachanow umbenannt. Überall im Lande gebe es Stachanow-Straßen, auch in einem der neuen Viertel von Donezk sei eine vorgesehen. In den Grundkursen seines Bergwerks werde das Phänomen Stachanow regelmäßig gewürdigt, 1975, zum Vierzig-Jahr-Jubiläum der historischen Tat, sei in sämtlichen Sowjetrepubliken ein Wettbewerb zur Erringung des Stachanow-Preises ausgeschrieben worden, und seine Reden, mit denen er persönlich die Arbeiter von Donezk dazu angefeuert habe, seinem Beispiel nachzueifern, sind dem Genossen Direktor noch im Ohr. Es war also eine Selbstverständlichkeit, dass auch die Grube »Maxim Gorki« eine Delegation zum Begräbnis entsandte, als 1978 der Held der sozialistischen Arbeit Alexej Grigorjewitsch Stachanow starb und die *Prawda* ihm einen von der gesamten Kreml-Prominenz unterzeichneten dreispaltigen Nachruf widmete. Stachanow – ein Name, der anderwärts längst einen Klang angenommen hat, mit dem man Schinderei und Plackerei verbindet, Vorzugsschülerhaftes und Fanatismus: hier also noch immer im Range eines Idols?

Idol? Nein, das ist ein Wort, das der Genosse Direktor nicht akzeptieren mag. Ein Leuchtturm, korrigiert er mich mit Rimmas Hilfe. Jawohl: ein Leuchtturm.

Mir wird dieser Stachanow, je länger ich sie sein Preislied singen höre, unheimlich. Er muss ja die reinste Maschine gewesen sein. Die Bilder, die von ihm im Heimatmuseum hängen, zeigen ihn bei der Arbeit,

»Arbeitsheld« Alexej Stachanow (vorne)
im Kreise seiner Kumpel

auf dem offiziellen APN-Foto erklärt er den anderen Arbeitern seine Arbeits*methode*, in dem Stachanow-Buch, das ich aus der Buchhandlung mitnehme, zeigt er auf irgendeiner Parteiveranstaltung seine Arbeiter-*orden* her. Arbeit, Arbeit, Arbeit – könnte man den guten Mann denn nicht wenigstens für einen Augenblick in minder freudloser Verfassung sehen? Hat er nie eine Ausflugsfahrt auf einem Wolgaschiff mitgemacht? Hat er nie seinen Kindern bei den Hausaufgaben geholfen? Vielleicht war er ein exzellenter Suppenkoch? Ein begeisterter Funkamateur? Was gäbe ich darum, ihn bei einer Betriebsversammlung in angeheitertem Zustand zu sehen! Oder von mir aus, wie er mit der Frau des Direktors schäkert. Oder sonst was Menschliches – diese Heroisierung hat ja was furchtbar Bekümmerndes. Stachanow, der Übermensch – es wird mir ewig ein Rätsel bleiben, wie man mit solch düsterer Ikonografie Gefolgschaft zu mobilisieren vermag. Oder ist es mein vom kapitalistischen Wohlstandsdenken verdorbenes Weltbild, das danach verlangt, nicht nur die Mühsal der Arbeit, sondern auch deren Früchte vorgezeigt zu bekommen? Aber so ist es nun einmal: Der Legende von der großen Glückseligkeit, die es angeblich bedeutet, in seiner Nachttischschublade Medaillen zu horten, traue ich nicht ganz. Für so ein paar Blechdinger sich ein Leben lang abrackern – das sollte des Sowjetmenschen höchstes Ziel sein?

Ich kann Sie beruhigen: Es ist es nicht. Er träumt die gleichen Träume wie wir: den Traum vom schnellen

Auto, vom eigenen Reitpferd, vom Urlaubsparadies. Und es ist auch gar nicht so schwer, dahinterzukommen. Es scheint nur in diesem dogmenbesessenen System verpönt, ja obszön, dergleichen lauthals bekannt zu geben. Irgendwie scheint ihnen daran gelegen zu sein, den Eindruck zu erwecken, der Held der sozialistischen Arbeit rackere sich aus reiner Freude am gesellschaftlichen Fortschritt ab, mit keinem Gedanken habe er dabei persönliche Vorteile im Auge.

Ob Stachanow sie nun im Auge hatte oder nicht, sie wurden ihm jedenfalls in überreichem Maß zuteil, und eines der Dokumente der Stachanow-Sammlung im Donezker Heimatmuseum gibt darüber sogar Auskunft: sofortige Erhöhung der Bezüge, Wohnung mit Telefonanschluss, vergünstigte Urlaubs- und Kurbedingungen, eigenes Auto, Dauerfreikarte für alle Veranstaltungen des Kulturpalasts.

Hat der »Arbeitsruhm«, der mir schon so wenig erstrebenswert erschienen war, also doch auch seine angenehmen Seiten? Und wie! Gab es nicht Stachanowisten, die ihre Privilegiertheit bis zu dem Anspruch trieben, beim Friseur nicht warten zu müssen und für ihre Kinder einen Hauslehrer zur Verfügung gestellt zu bekommen?

Auch der Genosse Bergwerksdirektor, der eben noch in strengen Worten die Erbaulichkeiten des Arbeitsruhms pries und nichts als Ehre und Gemeinwohl gelten lassen mochte, gibt auf hartnäckigeres Drängen zu, dass es mit Medaille und Diplom denn doch nicht getan sei. Macht es einen Unterschied, wenn er

Anerkennungsprämie nennt, was bei mir unter materieller Anreiz läuft? Früher, sagt er, habe es Fahrräder und Radios gegeben, jetzt seien es Auto-Fernseher und Kassettenrekorder. Aber im gleichen Augenblick, wie wenn er etwas Unziemliches ausgeplaudert hätte und es gälte, die Sache wieder auszubügeln, ruft er per Haustelefon einen seiner Assistenten herbei, er möge aus dem Medaillendepot ein Muster bringen, es sei ein Besucher aus dem Ausland da, der möchte es sehen. Und so beugen wir uns also respektvoll über das erhabene Symbol und verdrängen jeden schnöden Gedanken an Luxusgut und Mammon und all die vielen anderen Todsünden, die doch nur der korrupte Kapitalismus, nur der durch und durch verderbte Westen kennt.

Letzter Abend im Hotel Druschba. Im Restaurant ist für eine Reisegesellschaft gedeckt, die am Nachmittag in Donezk eingetroffen ist. Für Einzeltouristen wie mich ist kein Platz vorgesehen. Um zu einem Gedeck zu kommen, bleibt mir nur die Möglichkeit, mich unter die Gruppe zu schmuggeln, mich als einer der Ihren auszugeben. Die Rechnung geht auf: Es ist ein Gemeinschaftsausflug von Lehrerinnen und Lehrern aus dem Bruderstaat Tschechoslowakei, sie nehmen mich ohne Weiteres in ihre Mitte auf, und es wird ein gelungener Abend. Nach dem fünften Wodka frage ich sie, warum sie, von Kiew kommend und nach Jalta weiterreisend, ausgerechnet das düstere Donezk als dritte Station gewählt hätten. Sie antworten mit heftiger Klage: Ja, so sei das eben bei solchen

Reisen, Donezk sei ihnen von oben vorgeschrieben worden, sie selber wären nie und nimmer auf den Gedanken verfallen, hier haltzumachen. Die Stadt des Arbeitsruhms – staatlich verordnet. Antreten zum Stachanow-Kult.

Am nächsten Morgen lässt mich Rimma früher als vereinbart wecken. Sie hat unangenehme Nachrichten für mich, und nun heißt es, rasch umdisponieren. Wegen anhaltenden Schlechtwetters fällt das Flugzeug nach Moskau aus – ob ich damit einverstanden sei, dass sie versuche, mir einen Schlafwagenplatz zu verschaffen? Ich stimme zu, mir bleibt keine andere Wahl.

Die Fahrt, obwohl 17 Stunden, ist weniger beschwerlich, als ich befürchte. Die DDR-Waggons haben jeden nötigen Komfort, an die derben Umgangsformen der Schaffnerinnen kann man sich ebenso gewöhnen wie an ihren übersüßten Tee. Ich teile mein Abteil mit einem ukrainischen Technikstudenten, der in einem fort Bilderrätsel löst, dessen betulicher Mutter, die ihm laufend die dafür nötige Kraftnahrung zuführt, und einem etwa dreißigjährigen Franzosen, der von einem seiner zahlreichen Versuche heimkehrt, seine Braut, Assistentin an einer Röntgenstation im Bezirk Donezk, für die Ausreise nach Frankreich freizuboxen. Auch diesmal hat es noch nicht geklappt, nun hofft er aufs nächste Mal. Immer, wenn er schon glaubt, jetzt ist es endlich so weit, fehlt schließlich doch noch irgendein Papier. Er schildert mir seinen Kreuzweg – zwei Jahre geht das nun schon so. Aber er gibt nicht auf.

Ein Schwerstarbeiter in der Bezwingung sowjetischer Bürokratie. Auch eine Art Stachanow. Ein Stachanow im Abklappern von Amtsstuben. Ein Stachanow, der auf keinen Orden reflektiert. Sondern nur auf die Liebe einer kleinen Ukrainerin. Das könnte so einfach sein. Und ist doch so schwer. Ich wünsche ihm viel Glück.

Spätes Glück

»Rumpfmensch« Nikolai Basilowitsch Kobelkoff

Die Zeiten, da Behinderte ihre Behinderung zum Beruf machen, sie »ausstellen«, ja zur Zirkus-, Varieté- oder Schaubudennummer ummünzen mussten, die sind gottlob vorbei. Die »Missgeburt« braucht sich nicht mehr als solche vor zahlendem Publikum zu produzieren: Ein hoch entwickeltes System aus Rehabilitation und Integration erspart es »Zwerg« und »Riese«, ihre physische Besonderheit zu Markte zu tragen. Der Sozialstaat weiß das Sensationsbedürfnis des Menschen mit anderen Attraktionen zu bedienen: solchen technischer Natur.

Im 19. Jahrhundert war das anders. Wer als Liliputaner oder als siamesischer Zwilling auf die Welt kam, hatte, sofern ihm überhaupt ein dauerhaftes Leben beschieden war, nur die Wahl, vor einer grausam-spöttischen Mitwelt versteckt oder aber im Gegenteil für klingende Münze von ihr bestaunt zu werden. In diesem Fall kam es darauf an, was der Betreffende aus seinem Handicap zu »machen« verstand. Dann freilich war das Publikum sogar bereit, von Verachtung oder Mitleid auf Bewunderung umzuschalten, und aus dem »Krüppel« wurde ein für seine Willensstärke und Kunstfertigkeit gefeierter Held.

Einer der Erfolgreichsten und Berühmtesten war der »Rumpfmensch« Nikolai Basilowitsch Kobelkoff. Und Wien war der Ort, an dem er sein Glück fand ...

Die Kobelkoffs sind im russischen Gouvernement Cherson daheim. Troizk heißt das Dorf im Kreis Wosnessensk, wo der Vater Kosakenhauptmann und Bürgermeister ist. Das Geld, das er für den Unterhalt seiner vielköpfigen Familie braucht, verdient er in einem nahen Goldbergwerk. Von den 15 Kindern, die seine Frau Natalia zur Welt bringt, sind 14 völlig normal gewachsen – nur Nikolai, geboren am 22. Juli 1851, schlägt aus der Art. Die Hebamme bringt es nicht über sich, der jungen Mutter das Neugeborene zu zeigen: Es hat weder Arme noch Beine. Doch das Kind, sonst von durchaus kräftiger Statur, überlebt. Die Frauen im Dorf, die von der »Missgestalt« wissen, schlagen verängstigt das Kreuz, wenn sie ihrer ansichtig werden: Das kann doch nur eine Ausgeburt der Hölle sein.

Zweierlei hat Nikolai mit auf den Lebensweg bekommen, das ihm ermöglicht, seine körperliche Unzulänglichkeit zu überwinden: eine enorme Vitalität und einen unbändigen Trotz. Schon der Zweijährige überrascht seine Eltern mit Versuchen, auf seinen Beinstümpfen laufen zu lernen, und indem er bei Tisch das Besteck geschickt zwischen Wange und Armstumpf klemmt, gelingt es ihm mit der Zeit sogar, das Essen zu zerteilen und zum Mund zu führen. Beim An- und Auskleiden nimmt er die Zähne zu Hilfe.

Als Nikolai zehn ist, kann man den Versuch wagen, ihn zur weiteren Ausbildung dem Popen von Tobotiz anzuvertrauen: Unter dessen geduldiger Anleitung lernt er schreiben, Papier schneiden, nähen. Auch beim Fischen und auf der Jagd wird er später seinen Mann stehen; das Dreigespann lenkt er, indem er die Zügel um den Nacken schlingt; mit dem Halsmuskel und dem aus der rechten Achselhöhe ragenden Armstummel ersetzt er, was ihm die Natur an Greifwerkzeug vorenthalten hat.

Das Wunder wird wahr: Nikolai kann mit 18 ins Berufsleben eintreten, Vater Kobelkoff verschafft ihm eine Stelle als Schreiber im selben Goldbergwerk, in dem auch er beschäftigt ist. Man vertraut Nikolai die Führung der Lohnlisten an, dank seiner gestochen klaren Handschrift wird er auch zur Korrespondenz mit herangezogen.

Die für sein weiteres Fortkommen entscheidende Begegnung hat Nikolai jedoch auf einem der Jahrmärkte der Gegend: Ein Moskauer Menagerieunternehmer namens Berg kann den inzwischen Zwanzigjährigen dazu überreden, aus der Not eine Tugend zu machen und sein Glück als Schaubudenattraktion zu versuchen. Er verlässt das Elternhaus und zieht fortan als »Rumpfmensch« von Stadt zu Stadt. Achtzig Zentimeter groß und sechzig Kilo schwer, zeigt er vor zahlendem, zwischen Mitleid, Staunen und Bewunderung schwankendem Publikum seine Künste: lässt sich im Kostüm des Uralkosaken auf die Bühne hinaustragen, produziert sich als Schnellzeichner, schneidet Silhouetten, zielt mit der Flinte auf die Schießscheibe, zeigt, wie man ohne Arme Nähnadeln einfädelt, kutschiert einen Ponywagen und lässt sich ein Brett

35

auf die Schultern legen, auf dem er spielend drei ausgewachsene Männer balanciert. Der Höhepunkt der Darbietung ist jedes Mal erreicht, wenn Nikolai Leute aus dem Publikum auf die Bühne bittet und eine Prämie für denjenigen aussetzt, der es schafft, ihn dreimal vom Boden aufzuheben. Zweimal gelingt es allen, beim dritten Mal keinem: So athletisch stemmt sich der kleine Körper gegen den beherzten Zugriff. In späteren Jahren werden auch noch ein Entfesselungsakt und eine Nummer im Löwenkäfig hinzukommen.

Bis zu fünfzigmal am Tag verwandelt sich Nikolai, dessen Bettstatt die Maße einer Wiege hat und dessen Fahrzeug ein dreirädriger Kinderwagen mit dichtgeschlossenem Vorhang ist, in einen Artisten der Sonderklasse. Kasan, Moskau, St. Petersburg, Odessa, Wilna, Warschau und Kiew – überall strömt ihm das Rummelplatzpublikum zu, und bald wird er sogar die Grenzen des Zarenreichs überschreiten und auch in Damaskus und Jerusalem auftreten, in Suez und Konstantinopel. Und als er 1875, nun in Skandinavien und Deutschland unterwegs, die Bekanntschaft des führenden Praterunternehmers August Schaaf macht, holt ihn dieser nach Wien.

Nikolai Basilowitsch Kobelkoff ist nun 24, in einem Alter, in dem andere heiraten. Aber für einen wie ihn kommt so etwas natürlich nicht in Betracht. Wie sollte ein Mann wie er eine Frau glücklich machen? Und gar eine Familie gründen?

Doch das Unglaubliche tritt ein: Anna Wilfert, sechs Jahre jünger als er, Tochter eines aus Deutsch-

36

Nikolai Kobelkoff:
Ein Schwerstbehinderter macht Karriere.

land zugewanderten Geometers und Schwägerin des Praterunternehmers August Schaaf, ist nicht nur bereit, sondern gegen alle Widerstände von außen fest entschlossen, dem Werben des »Rumpfmenschen« nachzugeben und mit ihm in den Stand der Ehe zu treten. Ein »Missgebildeter«, der noch dazu kaum ein Wort Deutsch spricht – die Eltern der Braut können einen solchen Heiratsantrag nur als freche Zumutung zurückweisen. Auch der Pope, der die Trauung vornehmen soll, gibt sich entrüstet: Da aus einer solchen Ehe niemals Kinder hervorgehen können (und dürfen), wäre sie in seinen Augen eine glatte Gotteslästerung. Außerdem ist die Braut nicht willens, zum russisch-orthodoxen Glauben zu konvertieren.

Ein zweiter Versuch – diesmal in Dresden – schlägt gleichfalls fehl. Erst beim dritten hat man Glück: Ein evangelischer Pastor in Budapest erklärt sich bereit, Nikolai und Anna den kirchlichen Segen zu erteilen, und so tritt das ungleiche Paar im Jahr darauf in der Deák-Kirche zu Pest vor den Altar. Es wird ein Trauungsakt, wie ihn die Welt kaum je gesehen hat: Die Braut in Myrtenkranz und Schleier trägt den Bräutigam auf ihren beiden Armen zum Altar, mit den Zähnen steckt er ihr den Ehering an, er selbst wird den seinen zeitlebens in einem ledernen Etui tragen, das an seiner Brust hängt.

Von Wien aus zieht Nikolai Basilowitsch Kobelkoff nun zu seinen weiteren Auftritten von Stadt zu Stadt, von Land zu Land – und seine junge Frau mit ihm: als Gefährtin und Impresario. In nicht weniger als sieben Sprachen kann er sich mittlerweile verständigen. 1882 wird der amerikanische Zirkus *Barnum & Bailey* auf ihn aufmerksam und nimmt ihn für einige Jahre unter Vertrag. In Wien noch für zehn Kronen auftretend, scheffelt Kobelkoff nun das große Geld und kann somit jenen Grundstock anlegen, den er, wenn er 1901 endgültig nach Österreich zurückkehrt, brauchen wird, um sich mit eigenen Unternehmen im Prater niederzulassen.

Vorher aber wird ein weiteres und vielleicht das größte aller Wunder Wirklichkeit: Kobelkoff, der »Rumpfmensch«, wird Vater! Sechs gesunde Kinder von durchwegs normaler Statur bringt Anna ihrem Mann zur Welt – und wie es sein Beruf mit sich bringt: jedes an einem anderen Ort. Wo man gerade im Engagement ist, im Wohnwagen des fahrenden Volks, auf Jahrmärkten, hinter Zirkuszelten. Und was den stolzen Vater vollends glücklich macht: Sämtliche sechs Sprösslinge – fünf Söhne und eine Tochter – steigen ins elterliche Metier ein, werden Schausteller. Sohn Paul im Pariser Lunapark, alle anderen in Wien.

Als am 29. Mai 1912 – mehr als zwanzig Jahre vor ihrem Mann – Anna Kobelkoff stirbt, ist ein nicht geringer Teil des Wurstelpraters – Toboggan und Velodrom, Schweinchenkarussell und Wachauerbahn – in der Hand der Kobelkoff-Dynastie, der Stammvater kann sich endlich von der Bühne zurückziehen und zur Ruhe setzen. Und von den Zeitungsleuten, die wieder und wieder bei ihm anklopfen, von seinem schweren, aber durchaus freudenreichen Leben zu erzählen, das ihm, als er zur Welt kam, wohl niemand vorauszusagen gewagt hätte. Wer hat ihm nicht alles im Lauf der Jahre für seine Kunststücke applaudiert: Zar Alexander II., König Albert von Sachsen, Königin Wilhelmina von Oranien, der preußische Thronfolger, Reichskanzler Bismarck, Kronprinz Rudolf in Wien.

1899 druckt das *Illustrierte Wiener Extrablatt* den *Roman des Rumpfmenschen*, in Frankfurt erscheint die Buchausgabe: *Beschreibung und Biographie des wunderbarsten Phänomens der Gegenwart*, in Paris greift Sohn Paul zur Feder und sorgt mit den *Mémoires de l'Homme-Tronc* für Aufsehen. Zitat aus dem Vorwort: »Seine heitere Laune, seine gesellige Manier lassen uns erkennen, dass wir es bei ihm mit keiner ekelerregenden Monstrosität zu tun haben, sondern mit einem Mann, der sich absolut nicht unglücklich fühlt und infolgedessen sogar eine Lebensgefährtin fand, die ihn durch Vaterfreuden ans Dasein fesselt.«

Geschichten über Geschichten: etwa die von der Dogge, die ihm der dänische König zum Geschenk macht und die ihm, als ihn Wegelagerer überfallen und ihm die Handkasse entreißen wollen, das Leben rettet. Oder von dem Zirkusbrand, bei dem ihn, unter Einsatz des eigenen Lebens, der Kollege Riese aus den Flammen holt. Oder von der neapolitanischen Mafia, die ihm aus Rache für das verweigerte Schutzgeld über Nacht das Zelt in tausend Stücke schneidet.

Schwärzester Humor wechselt ab mit Augenblicken höchsten Entzückens – etwa, wenn Nikolai erfährt, dass er zum ersten Mal Vater geworden ist – und

Vater eines gesunden Buben! An diesem Freudentag bleibt die Schaubude, in der er auftritt, geschlossen. Und als ihn der berühmte Wiener Chirurg Theodor Billroth zur Untersuchung in seine Klinik einlädt, ist dies für Kobelkoff nichts Entwürdigendes, sondern im Gegenteil eine Auszeichnung, der er sich zeit seines Lebens ebenso rühmen wird wie etwa jenes Kusses, zu dem sich die in Wien gastierende Bühnendiva Sarah Bernhardt hinreißen lässt – aus Bewunderung für die schier grenzenlose Willenskraft, mit der dieser scheinbar »armselige Krüppel« seinem Schicksal trotzt.

Nikolai Basilowitsch Kobelkoff erreicht das stattliche Alter von 82 Jahren, treu umsorgt von den Familien seiner Kinder. In einer Praterhütte, einem Anbau des von Sohn Alexander betriebenen Ringelspiels, verbringt er seinen Lebensabend. Als er am 19. Jänner 1933 für immer die Augen schließt, geben Hunderte Kollegen und Aberhunderte Wiener Bürger dem Kindersarg, in dem sein Leichnam ruht, auf dem Weg zum Zentralfriedhof das letzte Geleit.

Gute Jahre

*Wie der ukrainische Bauernsohn Leo Bronstein
alias Trotzki nach Wien kam*

Anders als seine lebenslang analphabetischen Eltern kann der am 7. November 1879 im süd-ukrainischen Janowka, heute Bereslawka, geborene Leo Dawidowitsch Bronstein, der mit 23 den Tarn-namen Trotzki annehmen wird, schon vor seinem Eintritt in die Volksschule lesen und schreiben, ja als Sechsjähriger die Rechnungen für den väterlichen Gutsbetrieb ausfertigen. Ja, er ist ein aufgeweck-ter Bub, dieses fünfte Kind des jüdischen Landwirts Dawid Bronstein und dessen Ehefrau Anna, das neben Russisch und Ukrainisch bald auch Hebräisch lernen wird. Man lebt unter kargen Bedingungen in einer strohbedeckten Lehmhütte, etliche von Leos Geschwistern sterben an den landesüblichen Seuchen. Er selbst bringt es in einer der christlichen Realschu-len von Odessa zum Klassenprimus, mit »Ausgezeich-net« besteht er am Gymnasium von Mykolajiw die Matura. Sein Studien- und Berufsziel: Mathematiker. Doch es kommt anders: Schon mit 19 gerät Leo erst-mals in Berührung mit antizaristischen Verschwörer-kreisen, gründet einen marxistischen Arbeiterbund, bringt ein (handgeschriebenes) Kampfblatt heraus und zieht in eine sechsköpfige Kommune Gleichge-sinnter, woraufhin Vater Bronstein ihm den Geldhahn

Musterschüler Leo Bronstein

abdreht. Als die Umtriebe des Jungrevolutionärs auch der Polizei bekannt werden, landet Leo Bronstein im Gefängnis – zuerst noch in Cherson, später in Odessa. Das gefährliche (und 42 Jahre später mit Ermordung im mexikanischen Exil endende) Leben des Revolutionsführers Leo Trotzki nimmt Fahrt auf ...

Für die österreichische Leserschaft ist eine – immerhin siebenjährige – Phase dieses Lebens von besonderem Interesse: Trotzkis Aufenthalt in Wien. Dem wollen wir uns im Folgenden zuwenden.

Es ist das Jahr 1900. Dem Insassen des Moskauer Etappengefängnisses blühen – ohne Gerichtsurteil! – vier Jahre Verbannung; jeden Tag kann der Abtransport nach Sibirien erfolgen.

Unter den Mithäftlingen ist die sechs Jahre ältere Alexandra Sokolowskaja. Auch sie bekennt sich zu den Lehren von Karl Marx, hat sich den Umstürzlern um den jüdischen Gutsbesitzersohn aus der Ukraine angeschlossen.

Um auch in der Verbannung nicht voneinander getrennt zu werden, beschließen die beiden, im Gefängnis zu heiraten – gegen den vehementen Widerstand Vater Bronsteins, der sich daraufhin von seinem »missratenen« Sohn lossagt. Zwei Kinder gehen aus der Notehe hervor, beides Töchter.

Doch die Verbindung ist nicht von Dauer: Als Trotzki 1902 die Flucht aus dem Zarenreich und die Ausreise nach Westeuropa gelingt, lässt er auch seine junge Familie im Stich; für die Unterhaltszahlungen muss sein Vater aufkommen, der es inzwischen zu beträchtlichem Wohlstand gebracht hat und zur Aussöhnung bereit ist. Zur offiziellen Scheidung von Alexandra Sokolowskaja kommt es allerdings nicht, auch später nicht: Sie behält ihr Leben lang den Namen Bronstein, bürgerliche Konventionen können einem Revolutionär wie Trotzki wohl nichts bedeuten. Dass er in seiner Autobiografie diese Ehe mit einem einzigen knappen Satz abtut, lässt jedoch immerhin auf schlechtes Gewissen schließen.

1903 trifft der inzwischen 23-Jährige in Paris ein. Und hier begegnet er der Frau seines Lebens …

Natalia Sedowa ist Russin wie Alexandra Sokolowskaja. Und eine glühende Revolutionärin obendrein. Aber sie ist noch mehr: Die »linke« Aristokratin – Typ »reuiger Adel« – studiert Kunstgeschichte an der Sorbonne und führt ihren Freund in die Welt der Bilder und Skulpturen ein, nimmt ihn in den Louvre mit, gibt ihm französische Lyrik zu lesen, erschließt dem von Versammlung zu Versammlung eilenden Nur-Politiker ganz neue Perspektiven. Außerdem ist sie drei Jahre jünger als er, hat ein warmherziges, betont frauliches Naturell, Selbstbewusstsein und Attraktivität der äußeren Erscheinung in glücklicher Balance.

Auch ihre politische Vergangenheit imponiert Trotzki: Aus dem vornehmen christlichen Mädchenpensionat in Charkow, der zweitgrößten Stadt der Ukraine, in das die Eltern sie gesteckt haben, ist sie hinausgeflogen, weil sie versucht hat, ihre Mitschülerinnen vom Beten abzuhalten: Statt der Bibel sollten sie lieber Marx und Engels lesen. Und von der

Moskauer Universität hat man sie relegiert, als sie bei einer illegalen Aktion zur Verbreitung revolutionärer Schriften erwischt worden war.

Im Kreise der Pariser Russland-Flüchtlinge ist sie Mädchen für alles: In einer Kleinwohnung in der Rue Lalande bereitet sie für ihre Gesinnungsgenossen, die allesamt knapp bei Kasse sind, die Mahlzeiten zu. Trotzki imponiert ihr auf Anhieb: In ihrem Tagebuch, das sie führt, rühmt sie seine »geistige Beweglichkeit«, seine »Vitalität« und seinen »Schaffensdrang«. Sie besorgt ihm ein Zimmer in ihrer Pension, später beziehen die beiden ein gemeinsames Quartier im Emigrantenviertel bei der Rue Gassendi. Die zwanzig Rubel, die ihr ihre Familie pro Monat überweist, und die Honorare, die Trotzki mit seinen Zeitungsartikeln verdient, reichen fürs tägliche Leben.

1905 riskiert Trotzki die illegale Einreise nach St. Petersburg, seine Aktivitäten bringen ihn erneut vor Gericht, nun werden ihm alle Bürgerrechte aberkannt, es droht Verbannung auf Lebenszeit. Am 15. Jänner 1907 tritt er den Weg nach Sibirien an. Doch der Bewachertrupp ist von Sympathisanten durchsetzt, die sich bereitfinden, Post heimlich weiterzuleiten, und so ist Natalia Sedowa über den Verbleib des Geliebten genauestens im Bilde. Da Trotzki noch vor dem Abtransport einen falschen Pass sowie Geld zugesteckt erhält, gelingen ihm – quer durch die winterliche Tundra und via Finnland – Flucht und Ausreise und schließlich auch die Wiedervereinigung mit der treuen Gefährtin, die ihm unterdessen einen Sohn geboren

46

hat. Er wird Lew heißen wie sein (zu dieser Zeit in St. Petersburg inhaftierter) Vater. Erst in Wien, einige Monate später, bekommen die beiden einander zum ersten Mal zu Gesicht. Jetzt ist man noch in Berlin. Hier würde Trotzki gern auch weiterhin bleiben, aber die preußischen Behörden verweigern ihm die Aufenthaltserlaubnis, und so entscheidet er sich für Österreich.

Die Annäherung an die k. u. k. Metropole vollzieht sich in Etappen. Zuerst unternimmt man eine Fußwanderung durch die Sächsische Schweiz, die junge Familie genießt die herrlichen Spätsommertage, man labt sich an der kühlen Bergluft und an der frischen Milch der Bauernhöfe. In Hirschberg, damals eine beliebte Sommerfrische für kleine Beamte im Riesengebirge, wird für ein paar Tage Quartier bezogen. Wenn das Geld auszugehen droht, schreibt Trotzki rasch einen Artikel für eines seiner Blätter; auch an ein Buchmanuskript über die deutsche Sozialdemokratie legt er letzte Hand.

Bevor sie endgültig nach Wien weiterreisen, müssen sich Trotzki und Natalia noch einmal für kurze Zeit trennen: Er macht Station in Stuttgart, um an einem Kongress der Internationale teilzunehmen, sie holt aus Russland das Kind. Im Oktober 1907 ist es so weit: Endlich kann man sich – für die bevorstehenden Exiljahre bis zum Ausbruch des Weltkrieges – ein gemeinsames Nest einrichten. Es werden für die junge Familie, die sich noch in ihrem ersten Wiener Jahr um ein weiteres Kind, Sohn Sergei, vermehrt, die glücklichsten und sorgenfreiesten Jahre …

Zuerst lassen sie sich am Stadtrand nieder. In Hütteldorf finden sie ein Sommerhäuschen, in der Hüttelbergstraße 55. Trotzki ist begeistert, rühmt den Blick auf die umliegenden Hügel, die dunkelroten Herbstfarben der Bäume. »Ins Freie gelangt man durch eine kleine Tür, ohne die Straße zu berühren.« Zwei Zimmer und ein Kabinett stehen ihnen zur Verfügung, Küche und Bad. Die Möblierung ist mehr als dürftig, der einzige Wandschmuck eine Karte von Russland. Zu seinem Schreibtisch in dem mit Bücherkisten angeräumten Arbeitszimmer lässt Trotzki eine Gasleitung legen: Er ist ein Nachtmensch, braucht künstliches Licht.

Auch den Winter über gefällt es den neuen Mietern in ihrem Sommerhaus am Fuß des Wolfersbergs: »Sonntags kommen die Wiener auf ihren Ausflügen mit Schlitten und Ski, mit bunten Mützen und Sweatern vorbei.« Im Frühjahr dringt der Duft blühender Veilchen vom Garten in die Zimmer herein – es ist die Zeit, da Natalia das zweite Mal niederkommt. Nun allerdings, im April, hebt der Hausbesitzer – er heißt Dr. Max Buxbaum und ist Arzt – den Mietzins aufs Doppelte an, und die mittlerweile vierköpfige Familie muss sich nach einem billigeren Quartier umsehen.

Sie finden es im »demokratischeren« Sievering: Rund um die Weinberggasse, wo Firmen wie *Gräf & Stift* und *Bensdorp* ihre Betriebe haben, gibt es günstige Arbeiterwohnungen. Sieveringer Straße, Friedlgasse, Rodlergasse – der mehrmalige Adressenwechsel hat verschiedene Gründe: Einmal ist es der zu große

Mietzinsrückstand, der zur Delogierung der notorisch geldknappen Trotzkis führt, einmal ihr unbürgerlicher Lebensstil. Dass zu später Stunde Telegramme zugestellt und Besucher empfangen werden, macht bei den Nachbarn böses Blut.

Als sie wieder einmal vorm Übersiedeln sind und Interessenten die nächstens frei werdende Wohnung besichtigen wollen, bleibt diesen der Zutritt zu einem der Zimmer verwehrt. Die Kinder hätten die Türschnalle verräumt, gibt Hausfrau Natalia als Grund an. Doch die Wahrheit ist: Hier bewahrt Trotzki seine Geheimdokumente auf, vor allem seine umfangreiche russische Kartensammlung – und das geht keinen Außenstehenden etwas an.

An Kleidung haben sie nur, was sie am Leibe tragen; beim Bäcker, bei der Gemüsefrau und beim Kohlenhändler lässt man anschreiben. Aufsehen erregt auch ihr Äußeres: Im Gegensatz zur herrschenden Mode trägt er das Haar lang, sie kurz.

Die Adresse, an der »die komischen Russen« am längsten verweilen, ist das Eckhaus Weinberggasse/ Rodlergasse: Bassenawohnungen mit Gangklosett. Die Trotzkis ziehen ins Souterrain, nebenan hat ein Schlosser seine Werkstatt. So schön es in Hütteldorf war: Dies hier ist das proletarische Milieu, das der »Revolutionär in Wartestellung« für seine Arbeit braucht. Unter seinem Pseudonym Antid Oto (»Gegengift«) verfasst er Beiträge für eine Reihe liberaler Zeitungen: für die *Kiewskaja Mysl*, deren Korrespondent er ist, sowie für eine Handvoll deutscher und belgischer Blätter. Vor dem Sozialdemokratischen Verein der russischen Kolonie Wiens hält er Vorträge.

Der Endzwanziger, dem manche seiner Weggenossen Dandytum und Arroganz vorgeworfen haben, erweist sich als vorbildlicher Ehemann und Vater: Er hilft im Haushalt mit, geht seiner jungen Frau bei der Erziehung der Kinder zur Hand und nimmt sich, als diese schulpflichtig werden, sogar die Zeit, mit ihnen die Hausaufgaben zu machen. Als er im Herbst 1908 auch Redaktion und Vertrieb der *Prawda* übernimmt, kommt es zu finanziellen Engpässen: Das Auslandsporto für den Versand des vierzehntägig erscheinenden Blattes, das – teils über die galizische Grenze, teils übers Schwarze Meer – von Österreich nach Russland geschmuggelt wird, geht dermaßen ins Geld, dass Natalia mehr als einmal um Stundung des Mietzinses betteln, Entbehrliches vom Hausrat ins Dorotheum tragen oder ihren Mann zu Notverkäufen aus seiner umfangreichen Bibliothek überreden muss. In einer solchen Situation trifft der russisch-amerikanische Gesinnungsgenosse Olgin die Trotzkis an, und er berichtet über seinen Besuch in Sievering:

»Sein Haus in Wien war ein Armeleutehaus, armseliger als das eines gewöhnlichen Arbeiters. Die drei Zimmer waren ungenügend möbliert. Seine Kleidung war zu dürftig, als dass er in den Augen eines Wiener Kleinbürgers als respektabel hätte gelten können. Als ich das Haus betrat, war Frau Trotzki mit Hausarbeit beschäftigt, bei der ihr die beiden netten blonden

Jungen Hilfe leisteten. Der einzige Schmuck in der Wohnung waren Berge von Büchern in jeder Ecke.«

Wenn ihnen die Schulden über den Kopf wachsen, kommt der Gerichtsvollzieher und pfändet die Wohnungseinrichtung; zuweilen schießen auch jetzt noch Trotzkis Eltern zum Haushaltsgeld zu – vor allem, wenn sie, was einige Male der Fall ist, nach Wien auf Besuch kommen.

Die erste Zeit gibt es Verständigungsprobleme: Trotz ihres Schuldeutsch kommen die russischen Neubürger erst nach und nach mit den Einheimischen zurecht. Leichter haben es ihre Kinder: Die beiden Söhne lernen im Kindergarten sogar Wiener Dialekt, und wenn sie daheim miteinander spielen, verständigen sie sich auf Deutsch. Nur wenn die Eltern sie ansprechen, wechseln sie zum Russischen über.

Als der Ältere in die Schule kommt, stellt sich die Frage nach dem Religionsunterricht. Nach dem herrschenden österreichischen Gesetz sind Kinder bis zu 14 Jahren in der Konfession ihres Vaters zu erziehen. Trotzki und Natalia, beide Agnostiker, melden den kleinen Lew für den protestantischen Religionsunterricht an: Das scheint ihnen das kleinere Übel. Der Unterricht, den eine Lehrerin erteilt, erfolgt im Schulgebäude, jedoch außerhalb der normalen Schulstunden. Lew findet Spaß daran. Als ihn eines Abends, schon im Bett liegend, sein Vater flüstern hört und daraufhin ausfragt, erhält er zur Antwort:

»Das ist ein Gebet. Weißt du, es gibt nämlich sehr schöne Gebete – wie Gedichte.«

Die Trotzkis können sich keine Kinderfrau leisten. Und schon gar keine Sekretärin. Aber ihre Liebe ist stark genug, sämtliche Probleme in gemeinsamer Anstrengung zu meistern. Wenn Natalia mit ihren Emigrantenfreunden aus der russischen Kolonie zusammen sein will, kümmert sich Trotzki um die Kinder; wenn Trotzki, der unter epileptischen Störungen leidet, einen seiner Schwächeanfälle hat, kümmert sich Natalia um das pünktliche Erscheinen der *Prawda*, überwacht Druck und Versand des von Wien aus nach Russland eingeschleusten Arbeiterblattes. Zusammen besuchen sie regelmäßig die großen Wiener Kunstsammlungen und alle wichtigen Galerien – längst hat er es, von der Kunstkennerin an seiner Seite angeleitet, gelernt, auch fürs Feuilleton zu schreiben, und zwar hochprofessionell.

Natalia selber führt weiterhin Tagebuch, und sie versäumt nicht, in ihren Aufzeichnungen auch die äußere Erscheinung des geliebten Mannes festzuhalten: seine »kräftige Statur«, seinen »widerspenstigen dunklen Haarschopf«, seinen »kleinen Schnurrbart«, sein »ausdrucksvolles Gesicht«, die »Lebensfreude« in seinen blauen Augen. In der Wohnung des österreichischen Sozialistenführers Viktor Adler, mit dem Trotzki noch von früher her befreundet ist, hat ihm ein auf Gesichtsveränderungen spezialisierter Friseur einen neuen Haarschnitt verpasst: Die auch in Wien ihr Unwesen treibenden russischen Spitzel sollen ihn nicht auf Anhieb erkennen.

Im Schachzimmer des Café Central, wo der Josefstädter Porträtfotograf Steinschneider sein bevorzugter Spielpartner ist, trifft er mit den Größen des Austromarxismus zusammen: Rudolf Hilferding macht Trotzki mit Otto Bauer und Karl Renner bekannt. Voller Ehrfurcht lauscht er den Worten der erlauchten Geister. Umso größer die Enttäuschung, als er sich darüber klar wird, wie fremd ihm diese Männer bleiben müssen: Revolutionäre sehen anders aus. Ihre philiströse Selbstzufriedenheit stößt ihn ab. Was sind das für Marxisten, die einander genüsslich »Herr Doktor«, was sind das für Arbeiter, die Akademiker devot »Genosse Herr Doktor« titulieren! Er tritt zwar der österreichischen Sozialdemokratie bei, besucht ihre Versammlungen, nimmt an ihren Demonstrationen teil, schreibt für die *Arbeiter-Zeitung* Artikel und hält da und dort Referate in deutscher Sprache, aber sein eigentliches Interesse gilt nicht der Politik seines Gastlandes, sondern der des Nachbarstaates Deutschland.

Die Wiener Marxisten findet er zwar hochgebildet, aber sie betreiben die revolutionären Studien, »wie man Jus studiert«, und im persönlichen Gespräch trifft er auf »unverhüllten Chauvinismus«, auf die »Prahlsucht des kleinen Besitzers«, auf »heilige Schauer vor der Polizei« und auf »vulgäres Benehmen gegen die Frau«.

Was Trotzki in seinen sieben Wiener Jahren an dieser Stadt fasziniert, ist anderes: der hohe Rang ihres Kulturlebens, die intensive Auseinandersetzung mit der Psychoanalyse, der Kosmopolitismus der Vielvölkerzentrale und nicht zuletzt das häusliche Glück mit Frau und Kindern, das ihm niemals wieder in solch ruhigem Gleichmaß vergönnt sein wird.

Abrupt hat es damit ein Ende, als der Weltkrieg ausbricht. »Alle Serben müssen sterben!« liest er auf den Zäunen, plärren die Straßenjungen. Sergei, sein jüngster Sohn, schon mit sechs ein kleiner Rebell, verkündet auf dem Sieveringer Spielplatz lauthals die Gegenparole »Hoch Serbien!« und steckt dafür Prügel ein; mit blauen Flecken kommt er heim in die Souterrainwohnung in der Weinberggasse. Am 2. August 1914 erklärt Deutschland Russland den Krieg; zwei Tage später, frühmorgens um 6.10 Uhr, besteigen die Trotzkis auf dem Westbahnhof den Zug nach Zürich. Sein Archiv, seine Bibliothek, sogar die Manuskripte angefangener Arbeiten bleiben in Wien zurück.

Das Haus in Sievering, das den Mitinitiator der Russischen Revolution und Gründer der Roten Armee etliche Jahre seines turbulenten Lebens beherbergt hat, ist erhalten. Doch während sein Meidlinger »Gegenstück«, das Zinshaus in der Schönbrunner Schloßstraße, in dem Trotzkis Erzfeind Stalin einige Wochen des Jahres 1913 gelebt hat, noch immer mit einer Gedenktafel auftrumpft, fehlt hier selbst der kleinste Hinweis auf den einstigen Insassen. Die Straßentafel »In der Krim«, die dem heutigen Spaziergänger wenige Schritte von der bewussten Adresse ins Auge springt, darf zu keinen Fehlschlüssen verleiten: Es ist nichts als die verballhornte Erinnerung an einen

54

legendären Sieveringer Gastwirt namens Grimm. Wer in Wien nach sichtbarer Erinnerung an Leo Bronstein und Natalia Sedowa fahndet, wird sich also mit einem Meldezettel im Rathausarchiv begnügen müssen. Das Trotzki-Denkmal steht anderswo: im Garten jener einstöckigen, festungsartig ausgebauten Villa in der Vorstadt von Mexico City, in der am 24. Mai 1940 sein Mörder über ihn herfällt. Kurioses Detail am Rande: Calle Viena (also Wiener Straße) lautet der Name der Straße hinter dem Haus in Coyoacán, aus dem in der Zwischenzeit ein Trotzki-Museum geworden ist.

Natalia Sedowa, die Witwe, der man zuvor schon auch die beiden Söhne durch Mord entrissen hat, verharrt in unbeugsamer Trauer weitere zwanzig Jahre an der blutigen Stätte und erweist dem Toten, dessen Urne im Garten der Villa beigesetzt ist, Tag für Tag die Ehre. Erst die Hochbetagte lässt sich zur Übersiedlung nach Europa überreden, Freunde in Frankreich bieten der Schwergeprüften Wärme und Schutz. 79-jährig stirbt sie am 23. Jänner 1962 in Paris. In der Stadt, in der die große Liebe ihres Lebens 59 Jahre davor ihren Anfang genommen hat.

Der Milchmann hat wirklich gelebt

Von Kiew nach Anatevka, 1978

Eines möchte ich euch bitten, Reb Scholem-Alejchem: Ihr sollt mich in Euren Büchern nicht beschreiben! Und wenn ihr mich doch einmal beschreibt, so nennt wenigstens meinen Namen nicht!«

Tewje, der Milchmann – wo setze ich den Hebel an? Aus den Erinnerungen von Scholem Alejchems Tochter Marie, die die Tage ihrer Kiewer Kindheit liebevoll geschildert hat, weiß ich, dass die berühmte Roman- und Bühnenfigur ein lebendes Urbild gehabt hat: gleichen Namens, gleichen Metiers, verwandten Schicksals. In der Gegend um Bojarka, zwanzig Kilometer vor der Stadt – es ist um 1900 die traditionelle Sommerfrische der wohlhabenden Kiewer.

Auch Scholem Rabinowitsch, 1859 als Spross einer verarmten Gelehrtenfamilie im ukrainischen Perejaslaw geboren, Absolvent des russischen Gymnasiums, Hauslehrer, Aushilfsrabbiner und angehender Börsenkaufmann, mit zwanzig seine Liebe für den Journalismus und die Schriftstellerei entdeckend und (unter der klassischen hebräischen Grußformel »Scholem Alejchem« als Pseudonym) Gazetten wie den *Hoisfreind* und das *Jidische Folksblat* beliefernd, mietet für seine Familie, die er – ihres beträchtlichen Umfanges wegen – »meine Republik« nennt, allsommerlich eine

Datscha am Waldrand. Je nachdem, wie die Geschäfte gerade gehen, ist es etwas Besseres oder Billigeres. Allzu komfortabel darf man sich die Sache ohnehin nicht vorstellen: eine grob gezimmerte Holzhütte mit vier, fünf Kammern, dazu eine Kochstelle auf dem nackten Erdboden. Kein Licht, das Wasser vom Dorfbrunnen. Doch für drei Monate würzige Waldluft, ein Badeteich und für die Kinder die Aussicht, den sonst von seiner Arbeit absorbierten Vater Tag für Tag um sich zu haben. Mitte Mai zieht man hinaus, Mitte August geht's zurück in die Stadt – einen gemieteten Pferdewagen voll mit den nötigsten Möbeln, Bettzeug und Küchengerät, auf dem Kutschbock neben dem Fuhrwerker Babuschka, das Kindermädchen.

Gewisse Probleme macht die Nahrungsmittelbeschaffung. Der Dorfmarkt geht zwar über von den Hervorbringungen des fruchtbaren ukrainischen Bodens, ist aber ziemlich weit von den Sommerwohnungen entfernt – man müsste jedes Mal eine Droschke mieten, und das verteuert die Sache erheblich. So ist man darauf angewiesen, dass einem die Waren ins Haus zugestellt werden. Soweit es das Geflügel betrifft, ist vorgesorgt: Baba, eine Bäuerin aus dem Umkreis, das kreischende Federvieh unterm Arm, ist eine verlässliche Lieferantin. Mit dem Gemüse verhält es sich schon schwieriger. Man kann zwar die Bauern, die mit ihren Karren zum Markt ziehen, auf der Straße anhalten, aber mit ihnen Abschlüsse zu tätigen, ist eine ziemlich aufreibende Angelegenheit. Sie haben von ihrem Gutsherrn den strikten Auftrag, pro

Wagenladung drei Rubel zu kassieren, und das ist die einzige Rechnung, deren sie fähig sind. Ganz egal also, ob es ihre gesamte Ware ist oder nur ein paar Krautköpfe: Sie beharren stur auf ihren ein für allemal eingelernten drei Rubel.

Ganz anders der Milchmann. Er ist ein Jude aus einem der Nachbardörfer – im Winter bringt er seine Produkte auf den Markt nach Kiew, in der warmen Jahreszeit versorgt er die Ferien-Datschas mit süßem und saurem Rahm, mit Käse, Butter und Milch. Man nennt ihn Tewje – nach dem alttestamentarischen Tobias, er ist ein freundlicher und umgänglicher Mann, seine Waren genießen den besten Ruf, und da er Sommer für Sommer die stets gleichen Stammkunden beehrt, ist er obendrein eine unerschöpfliche Nachrichtenbörse, die man gern zu einem kleinen Plausch ins Haus lädt. Mit Scholem Alejchem verbindet ihn noch eine weitere Eigenart: die Gewohnheit, seine Reden mit Zitaten aus den heiligen Schriften, aus den jüdischen Festgebeten, aus den *Sprüchen der Väter* auszuschmücken und sich so einen Anstrich frommer Gelehrsamkeit zu geben. Dass er dabei den hebräischen Sentenzen mitunter einen ganz anderen Sinn unterlegt, nämlich den, der ihm gerade passt, ist für den Dichter, der sich so manche dieser Köstlichkeiten ins Notizbuch schreibt, eine Quelle reinen Vergnügens. Kein Wunder, dass dieser Tewje von vielen seiner Kunden bald wie ein Familienmitglied betrachtet wird, dass jeder seine Lebensgeschichte kennt, jeder an seinem Schicksal Anteil nimmt und dass ein

Dichter eines Tages auf diese Lebensgeschichte und auf dieses Schicksal als Rohstoff für sein nächstes Werk zurückgreift.

1895 erscheint im jiddischen *Hoisfreind* die »erschte Derzehlung vun Tewje dem Milchiken«, im Jahr darauf folgt – nun schon eine veritable Geschichtensammlung – die Buchausgabe. Natürlich findet sie auch in Bojarka ihre Leser – und so bleibt es nicht aus, dass eines Tages auch der Mann, der dafür Modell gestanden ist, davon erfährt. Es ist ihm übrigens gar nicht recht: Babuschka, dem Kindermädchen im Hause Rabinowitsch, klagt er sein Leid: wie ihn die Leute nun überall auslachten und »Tewje, der Milchiker« hinter ihm herriefen. Schließlich findet er sich doch damit ab – vor allem, als er merkt, dass seine plötzliche Berühmtheit auch pekuniär zu Buche schlägt. Zu seinen alten Kunden stoßen neue hinzu – bloß, um sich damit brüsten zu können, mit der populären Romanfigur persönlich bekannt zu sein.

1905 hat es damit ein Ende – zumindest für den Dichter. Scholem Alejchem, nach dem großen Kiewer Pogrom verarmt und entmutigt, verlässt seine Heimat Ukraine und wandert nach Amerika aus. Er schreibt zwar weiter an seinen Tewje-Geschichten und besorgt auch noch selber deren Dramatisierung, doch statt aus dem unmittelbaren Erleben schöpft er nun aus der Erinnerung. 1916, in seinem Todesjahr, kommt die Buchausgabe letzter Hand auf den Markt, 1921 übersetzt sie Alexander Eliasberg ins Deutsche, nach dem Zweiten Weltkrieg folgt die englische Fassung –

und damit ist es nur mehr ein Schritt zum Libretto des Broadway-Musicals *Fiddler on the Roof*, das fürs deutschsprachige Theater den Titel *Anatevka* erhält …

Olga, deren Stadtführung ich mich in Kiew anvertraue, gibt das Programm für den nächsten Tag bekannt: Pionierpalast, Bootsfahrt auf dem Dnjepr, Abendessen im Ausflugsrestaurant Prolisok. Bei den Punkten eins und zwei stehle ich mich davon, dafür werde ich beim Nachtmahl mein Mindestsoll an Gruppendisziplin erbringen. Das Lokal liegt in einem Kiefernwald vor der Stadt – wer dem Naturnahen den Vorzug gibt vor der Hektik des Wolkenkratzerhotels am Taras-Schewtschenko-Boulevard, mag hier seine folkloristischen Bedürfnisse befriedigen.

Im Restaurant ist an diesem Abend für drei Gruppen gedeckt: Griechen, Japaner und uns Österreicher. Die Tische biegen sich unter den Köstlichkeiten der ukrainischen Küche. Schweres Tongeschirr. Wodka, Bier, Sekt, Mineralwasser. Der Hellas-Tisch singt Heimatliches; Nippon, wie gewohnt, imitiert. Was ist mit Austria? Aufforderungen hängen in der Luft, schon hat die kleine Japanerin an meiner Seite ihr begehrliches »Johann Strauss« gelispelt. Da kommt die Rettung: Die hauseigene Musikkapelle hält Einzug, Geige, Zimbal und Bass – dazu zwei Gesangsstimmen. Sängerin und Sänger mit verteilten Rollen: er das melancholische, sie das lebfrisch-auferbauliche Element vertretend. Zu vorgerückter Stunde nimmt Olga Melodienwünsche aus dem Publikum entgegen.

Österreich-Premiere von Anatevka *im Theater an der Wien,*
1969: Yossi Yadin in der Rolle des Tewje

Na, was ist?, blickt sie mich herausfordernd an. Sonst immer so naseweis – und nun auf einmal kleinlaut? »Wenn ich einmal reich wär' ...«: Tewjes Lied läge mir auf der Zunge. Aber soll ich es wagen? Was hätte es für einen Sinn, haben sie je davon gehört? Wäre dies ein westliches Lokal, sie würden ihre Gäste damit peinigen, dass ihnen Hören und Sehen vergeht. Hier aber, im Tewje-Land, ist der Musical-Ohrwurm made in USA zur Zeit meiner Reise (1978) noch so gut wie unbekannt.

Am nächsten Morgen, in aller Herrgottsfrühe, Streifzug durch die Bauernmärkte der Zwei-Millionen-Stadt. Am Ende der Kiewer Prachtstraße Kreschtschatik befindet sich der größte, an der Gorki-Straße, auf der Höhe der neuen Ukraina-Konzerthalle, der malerischste, an der Worowski-Allee, wenige Schritte vom Hotel entfernt, der gemütlichste. Hier halte ich nach den heutigen Tewjes Ausschau, ich brauche nur dem Aroma ihrer Produkte zu folgen. Gemüse und Obst dominieren, Pilzmänner tragen knielange Ketten aus Getrocknetem um den Hals – man darf alles anfassen, an allem riechen, alles kosten, alles zu teuer finden und alles zu schlecht. Denn dies ist keine Supermarktware, hier steht noch immer der gute alte Muschik vor den Erträgnissen seines eigenen Bodens: jenes halben Hektars, den ihm auch der seinerzeitige Kolchosen-Kommunismus nicht genommen hat. Seinen Salat als wurmig, seine Gurken als ausgetrocknet und seine Kartoffeln als seifig abzuqualifizieren, ist demnach keine Beleidigung, sondern Verhandlungstaktik mit dem Zweck, einen kulanten Preis herauszuschinden – für eine Ware, von der natürlich auch die kritischste Hausfrau ganz genau weiß, dass sie um vieles besser ist und frischer als die Einheitsartikel aus der öden Ladenkette *Gastronom*.

Beim Milchmann treiben sie's besonders bunt. Da wird gefeilscht und moniert, geschnuppert und probiert, da werden Grimassen gezogen, als gälte es, das pure Gift zu schlucken, und je nach dem Festigkeitsgrad der Käsesorte wird die geforderte Kostprobe als *Brösel* in die Hand*fläche* oder als *Tupfen* auf den Hand*rücken* appliziert. Entschließt man sich zum Kauf, so wird die Ware in einem der vielen Behälter versenkt, die die Kundin in ihrer Einkaufstasche bereithält: Töpfe, Näpfe, Krüge, Kannen.

Mit einer der Marktfrauen, die ein paar Brocken Deutsch kann, komme ich ins Gespräch. Jawohl, auch Bojarka (das der Dichter Boiberik nennt) ist unter den Ortschaften, die die Kiewer Bauernmärkte beliefern. Nur Tewje – so heißt dort heute keiner mehr; die paar Juden, die noch auf dem Land siedeln, haben sich längst ukrainische Namen zugelegt, sind voll assimiliert, wollen nicht an ihre Herkunft erinnert werden, nein danke, bloß das nicht, es ist auch so schon schwer genug.

In einem vergilbten Baedeker von 1892 finde ich die Bezeichnung »Jerusalem Russlands«: sechzig christliche Kirchen und vier jüdische Bethäuser habe es im

63

Kiew der Zarenzeit gegeben. Geblieben sind zehn; zwei von ihnen, die berühmte Sophienkathedrale aus dem 11. Jahrhundert, und die Andreaskirche, eine Schöpfung Rastrellis, des Erbauers von Petersburg, schaue ich mir an. Dann klettere ich den Andreashang hinab: am Haus Nummer 13 vorbei, der Turbin'schen Wohnung. Hier hat Bulgakow gelebt, hier spielt sein Bürgerkriegsroman *Die weiße Garde*. Häuser, die unmittelbar vorm Abbruch stehen, Kopfsteinpflaster, von einer Zwei-Mann-Brigade behelfsmäßig ausgebessert, ein Mädchen, das hinter seiner Staffelei sitzt und mit Wasserfarben eine Alt-Kiewer Vedute festhält – für die Zeit »danach«, wenn eines Tages auch hier gesichtslose Betonblocks in den Himmel ragen werden.

An der nächsten Straßenecke wieder eine Scholem-Alejchem-Assoziation: der Kwas-Wagen. Im *Tagebuch eines Knaben* steht die Geschichte vom älteren Bruder Elia, der in der Zeitung das Inserat von der wunderträchtigen Erfolgsfibel liest: »Hundert Rubel monatlich und mehr kann jeder verdienen, der sich mit dem Inhalt meines Buches vertraut macht. Preis ein Rubel einschließlich Zusendung. Eilt! Kauft! Erfasst den Augenblick, sonst kommt ihr zu spät!« Elia bestellt die Schwarte und erprobt sämtliche Rezepte, mit deren Hilfe man auf so geheimnisvolle Weise reich wird. Eines davon betrifft die Herstellung von Kwas: ein billiges, leicht säuerlich schmeckendes Erfrischungsgetränk aus Schwarzbrotteig, Honigsirup und Zitronenschalen. Elia bereitet es hinter verschlossenen

Türen in der Wohnstube zu, damit ihm niemand das Geheimnis der Zusammensetzung abluchsen kann, und schickt seinen kleinen Bruder mit dem fertigen Produkt auf die Straße, in der einen Hand den Krug, in der anderen das Trinkglas. Entnimmt einer aus der Familie ein Glas für den eigenen Bedarf, so gilt die Regel, den entstandenen Verlust unverzüglich durch das gleiche Quantum Wasser auszugleichen, und besonders ökonomisch denkende Familienmitglieder schütten sogar die doppelte Menge nach, solcherart für weitere Mehrung der Substanz sorgend. Diese hübsche Geschichte fällt mir ein, als ich nun den dickbauchigen Kwas-Wagen vor mir sehe: auf seinem Schemelchen der Abzapfer, bedrängt von einer Schlange Durstiger mit dem obligaten Zehn-Kopeken-Stück in der Hand. Ob ich von der hübschen Szene ein Foto mache?

Ich setze meinen Weg fort, nun schon mitten im Podol. Dies war einst die Handelsstadt, zusammen mit dem Lybed-Viertel im Süden der jüdische Bezirk. In der Schekowitzkastraße, hinter Alleebäumen versteckt, finde ich die Synagoge – es ist die letzte im Distrikt Kiew. Das Tor zum Hof ist angelehnt, in der Mazzes-Backstube treffe ich auf den Kultusdiener: ein abgehärmter, blasshäutiger Greis. Sogleich ruft er nach dem Präsidenten der Gemeinde: massig, vital, extrovertiert. Ein Dritter, für einen Moment aus seinen hebräischen Schriften aufblickend, bietet mir seinen Sitz an. Man begegnet dem Goj mit Neugier, jedenfalls ohne Misstrauen, natürlich die obligate Frage nach dem Geburtsjahrgang. Immerhin: Der Name Tewje zaubert einen versonnenen Zug in ihr Lächeln. In der Synagoge werden unterdessen die Lichter aufgedreht, ich bekomme das vorgeschriebene Käppchen aufgesetzt. Der Schrank mit den alten Talmudbänden, die Schulbänke der Chejder-Jingln – noch 1959 bekannten sich 154 000 Kiewer zum mosaischen Glauben, beinah 14 Prozent der Gesamteinwohnerschaft der Stadt. Dann kam der Aderlass – diesmal ein freiwilliger, ein zum Glück unblutiger: der Emigrationsstrom ins Gelobte Land. Doch was hiergeblieben ist, reicht noch immer aus, am Sabbat das Bethaus zu füllen, und beim Jom-Kippur-Fest drängen sie sich gar zu Hunderten bis auf Hof und Straße. Ich erzähle ihnen vom Milchmann Tewje, hinter dem ich her bin, und sie finden es erstaunlich, dass einer wegen so etwas zu ihnen komme, von so weit her noch dazu, dann habe es mir bestimmt auch der Schneider Lasik Roitschwantz angetan, und ich sage nein, mit Ilja Ehrenburg käme ich nicht so gut zurecht, da sei mir doch einiges ziemlich unheimlich, bleiben wir bei Scholem Alejchem, und sie schreiben mir auf einem Zettel zwei Adressen auf – gleich in Russisch, damit's der Taxichauffeur lesen kann: die Wohnung des Dichters und die nach ihm benannte Straße. Die Scholem-Alejchem-Straße befindet sich in einem der weitläufigen neuen Wohnviertel am anderen Ufer des Dnjepr – ich habe Zweifel, ob deren Bewohner mit dem Namen etwas anzufangen wissen. Immerhin ist er noch nicht gänzlich aus dem offiziellen Gedächtnis der Stadt getilgt, und für die Marmortafel am Wohnhaus hat man sogar Goldbuchstaben gewählt.

Zweite Etage rechts – das war Scholem Alejchems Logis. Von hier zog er mit seiner Familie Sommer für Sommer in die Miet-Datscha im zwanzig Kilometer entfernten Bojarka.

Jetzt ist in dem Haus ein Postamt untergebracht. Ich sehe mich in der Schalterhalle um: Stuckdecke und falsche Säulen, Blattpflanzen und Ventilator, Federhalter und Tintenfass. Die Beamten hantieren noch immer mit dem mechanischen Rechenbrett – für unser Empfinden mehr Spielzeug als Arbeitsgerät –, hier ist auf eine anheimelnde Weise die Zeit stehen geblieben. Ich habe keine Mühe, mir vorzustellen, wie Scholem Alejchem zur Tür hereintritt und sein neuestes Manuskript aufgibt: der buschige Schnauzbart, das Haupthaar tief im Nacken, Stehkragen und Gehrock AltKiew – »Jehupez« nennt es der Dichter in seinen Büchern: »eine Stadt, in der Juden nicht wohnen dürfen, außer sie sind ›privigeldiert‹«.

Auf nach Bojarka – Scholem Alejchem macht daraus im Tewje-Roman einen Ort namens Boiberik. Ich brauche nur am Autobusbahnhof vorbei in die Straße der Oktoberrevolution einzubiegen, schon bin ich in der gewünschten Richtung. Der Eislaufplatz, eine zum Touristenlokal aufgeputzte Windmühle, die letzten Wohnblocks, schließlich das Schild mit dem durchgestrichenen Kiew. Die Stadtgrenze ist erreicht.

Die Ausfallstraße nach Odessa ist von ebenem Grünland gesäumt, gleich in einer der ersten Ortschaften die Abzweigung nach Bojarka. Quer über den Asphalt ist ein Desinfektionsstreifen gelegt: Maul- und Klauenseuchenalarm. Und da sind auch schon die ersten Rinder mit ihrem Hirten: einer für alle. Die Bauern mieten und bezahlen ihn gemeinsam – gleich für die volle Saison. Beim Friedhof halte ich an: lauter ukrainische Namen. Jüdische Gräber gibt es erst weiter drinnen im Land – eine Frau erinnert sich an den Namen des Dorfes: Wassilkow.

Bojarka: Bretterzäune, dahinter Gemüsegärten, geduckte Wohnhütten. Alle hundert Schritte ein Brunnenhaus, überdachte Gemeinschaftsbriefkästen, der Bahnhof, ein Speiselokal. Die Kirche: heruntergekommen, aber noch in Betrieb. Nur die Hauptstraße asphaltiert, alles Übrige Kraterlandschaft, Staub. Die Datschas am Waldrand, schon damals nicht das Stabilste, haben modernen Wohnblocks Platz gemacht, die alten Badeteiche taugen nicht mehr; wer heute aus Kiew in die Sommerfrische fährt, hat ein Auto und kann Entfernteres anpeilen.

Hinter der Schule, gründerzeitlich getürmt, höre ich Lautsprecherstimmen. Es ist ein heißer Juninachmittag, die Maturantenfeier findet unter freiem Himmel statt. An einem langen Tisch der Lehrkörper, davor in mehreren Bankreihen die Absolventen mit ihren Eltern. Alles im Sonntagsstaat: die Mädchen in Weiß, halb Erstkommunion, halb Brautschaft, die Burschen dunkel gewandet, die Mütter frisch vom Friseur, alles in allem erstaunlich bürgerlich, fast altmodisch. Die Frau Direktor im blau Geblümten hält die Festrede, es klingt sehr energisch, sehr nach Parolen fürs Leben. Dann werden nacheinander die Kandidaten aufgerufen, die Schulkapelle spielt einen Tusch, kurzes rhythmisches Klatschen des Auditoriums, Aushändigung der Zeugnisse, Diplome und Medaillen, ein Wangenkuss für die Mädchen, ein Händedruck für die Burschen. Dazu werden Blumen verteilt, auch für mich fällt eine ab: Man freut sich über den fremden Gast.

Die Feier ist beendet, freundlich wendet sich mir eine der jüngeren Lehrerinnen zu. Sie deutet auf die Baracke hinter der Schule, dorthin möge ich ihr folgen. Wieso stellt sie mir keine einzige Frage nach meinem Begehren? Ist es möglich, dass sie mich längst durchschaut hat, längst meine Interessen erraten? Sollten Scholem Alejchem und sein Milchmann am Originalschauplatz der Story doch noch Anwert, ja Ruhm genießen? Wir betreten das Innere der Baracke: Bücher, Bilder, Büsten und Vitrinen – ist's denkbar: ein Scholem-Alejchem-Museum? Meine Begleiterin dreht das Licht auf, gleich wird sie mit ihrem Vortrag beginnen. Ein Trupp junger Männer, die irgendetwas mit Eisenbahnbau, mit Baumfällen, mit Holztransport zu tun haben – die Lehrerin, nun schon reichlich Pathos in der Stimme, deutet auf das große Ölbild an der Wand: Jungdichter Nikolai Ostrowski, wie er im Winter 1920/21 mit einer Schar Komsomolzen in den Wäldern von Bojarka Holz fällt, ein sechs Kilometer langes Anschlussgleis zur Bahnstrecke legt und das frierende Nachkriegs-Kiew mit Brennmaterial versorgt. Er ist der Held von Bojarka, seinen Namen trägt die Schule, ihm ist auch das Museum gewidmet, die Schüler selber haben es eingerichtet, jetzt läuft sogar ein Antrag, den Ort in Ostrowski-Stadt umzubenennen. Bin ich enttäuscht? Fühle ich mich gefoppt? Oder komme ich mir im Gegenteil beschämt vor: hier ein Dichter, der tatkräftig zupackt, wo es ums nackte Überleben seiner Mitbürger geht, dort das bisschen Einzelschicksal eines jüdischen Wanderhändlers?

Nein, nein, es ist schon in Ordnung: Tewje – das ist in Wahrheit weit mehr als bloß dieser eine, hinter dem ich her bin, es ist der Archetypus des ewigen Juden, der ständig verjagte, ständig neu hoffende. Tewje – das ist Ghetto und Pogrom. Podol und Babi Jar. Der moderne Hiob. Chagall hat ihn gemalt. Der Fiedler auf dem Dach – in Bojarka, in Anatevka, im »Schtetl« Irgendwo: »Jeder von uns ist ein Fiedler auf dem Dach. Jeder versucht, eine einschmeichelnde Melodie zu spielen, ohne sich dabei das Genick zu brechen.«

In Bojarka, so erfahre ich, hat Tewje seine Kunden besucht, im Nachbardorf Sabirja (im Buch: Masepowka) hat er gewohnt. Ich solle nur nach dem alten Lehrer fragen, der wisse Bescheid.

Diesmal muss ich auf Feldwege ausweichen, die Veterinärbehörde hat die Straße gesperrt. Rinder an ihren Wasserstellen, Frauen, die in Milchkannen Walderdbeeren nach Hause tragen, hie und da noch eine strohgedeckte Wohnhütte aus alter Zeit. Endlich, in Erdstaub eingehüllt, das Dorf. Es wird Abend, die Leute sitzen vor den Häusern. Neben der niedergerissenen Schule, von Katzen umspielt, die Hütte des Lehrers. Wladimir Nikolajewitsch, ein Apostelkopf von Ende siebzig, nun schon viele Jahre außer Dienst. Er hat Freude an meinem Besuch – ich bin der Erste, der ihn nach Tewjes Verbleib fragt. Einmal waren Amerikaner da, auch eine der Scholem-Alejchem-Töchter hatte sich brieflich angesagt – und war dann doch nicht gekommen. Wladimir Nikolajewitsch zeigt sich über die Biografie des Tewje-Urbildes vorzüglich informiert, und da er am Rande einer deutschen Kolonie im Kaukasus aufgewachsen ist und seine Geschwister die deutsche Schule besucht haben, fällt auch die Verständigung mit ihm leicht.

1870 sei Tewele – so habe man ihn in Wirklichkeit genannt – aus dem Nachbarort Malucienka nach Sabirja gekommen. Klein von Wuchs, schmächtig, üppiger krauser Bart – so habe ihn die Überlieferung in Erinnerung. Sein einziger Besitz: ein Pferd. »Ein gutes Pferd.« Das habe er vor seinen Karren gespannt, und so sei er von Stall zu Stall gezogen und habe den Bauern ihre Milch abgekauft. In seiner Hütte – zunächst noch ein bloßes Erdloch mit Strohdach – verarbeitete er den eingesammelten Rohstoff zu Butter, Käse, Rahm. Im nahen Bojarka, in den Sommerquartieren der reichen Kiewer, fand seine Ware reißenden Absatz, bald konnte er sich ein besseres Haus leisten. In Ignatowka, dem Sitz des Rabbiners (der Dichter macht daraus Anatevka), wurde geheiratet. Doch die

Ehe, anders als im Buch, war nicht von Dauer: Golde, genannt »Gudja«, machte auch anderen jungen Männern schöne Augen, und so jagte Tewje sie auf und davon. Auch mit der Zweiten klappte es nicht, erst die Dritte, abermals eine Golde, trug ihren Namen zu Recht. Sie schenkte ihm zwei Töchter (keine sieben): Manka und Rebekka; Aaron, den Sohn aus erster Ehe, hatte eine Amme aus der Nachbarschaft aufgezogen. 1905, als die zaristischen Pogrombanden durchs Land zogen und auch Tewele die Fenster einschlugen, zog er für kurze Zeit zum Sohn nach Kiew. Sobald sich die Situation beruhigt hatte, kehrte er wieder in sein Dorf zurück, bis er sich 1912, unterdessen zum Greis gealtert, endgültig in der Hauptstadt niederließ. Ein jüdischer Schmied übernahm Teweles Haus – sorgsam all die Jahre hindurch seines Vorgängers Betstube hütend, bis im Herbst 1941 auch in Sabirja die Deutschen einmarschierten und die örtlichen »Volksschädlinge« aus ihren Häusern holten. Tewele, dem Milchmann, blieb dieses Schicksal erspart: Er ist während des Ersten Weltkrieges gestorben.

Wie ich es wohl anstellen werde, sein Grab zu suchen, wo ihn doch keiner bei seinem Familiennamen gekannt hat, er für alle immer nur »der Tewele« gewesen ist? Popularität, die geradewegs in die Anonymität führt. Und außerdem: Würde es denn überhaupt noch existieren?

Tags darauf, wieder in Kiew, lasse ich mich mit dem Taxi in den Vorortbezirk Lukjanowka bringen – dort lagen früher die Friedhöfe. Teile des christlichen Sektors sind noch erhalten, man kann an ihren Grabsteinen gut den Lauf der Geschichte ablesen: die Prunkgrüfte der Belle Époque, dann die schlichten silbergrauen Gusseisenkreuze der ersten nachzaristischen Zeit, schließlich die Obelisken mit dem roten Stern. Den jüdischen Friedhof hat Hitlers SS dem Erdboden gleichgemacht, die Ausrottung der Lebenden war ihr nicht genug. Die Massakerstätte Babi Jar, der Jewtuschenko sein berühmtes Gedicht gewidmet hat, befindet sich in unmittelbarer Nähe – ich brauche mich nur am neuen Fernsehturm zu orientieren. In dem kleinen Waldstück jenseits der Friedhofstraße stolpern nächtliche Liebespaare bisweilen über einen Steinbrocken, der, wenn sie näher hinsehen würden, hebräische Schriftzeichen trägt. Da ein Sockel, dort ein Stückchen Grabplatte, vielleicht noch ein Restchen marmorner Girlande. Ein paar Zahlen, die kein Lebensdatum, ein paar Silben, die keinen Psalm, ein paar Buchstaben, die keinen Namen mehr ergeben. Und wenn sie es täten: Es sagte unserem Liebespaar wohl nicht viel. Denn von Tewje, dem Milchmann, hat ihnen keiner was erzählt.

Sein letzter Wille: Lachen

Zu Besuch bei den Erben des Dichters
Scholem Alejchem, 1982

Park Avenue in Höhe der 85. Straße – feinstes Manhattan. Meine New Yorker Freunde, ihrerseits im eher schäbigen Battery-Park-Viertel wohnhaft, hatten schon beim »Übersetzen« der Telefonnummer Haltung angenommen. Es gibt in New York einen eigenen, im Anhang des *phone directory* verzeichneten Schlüssel, mit dessen Hilfe man aus der Telefonnummer auf die Adresse schließen kann, auf den Block genau. Es ist eine ziemlich komplizierte Rechnerei, aber das Ergebnis stimmt immer. Während Gary mir ein Taxi bestellt, legt Loretta wortlos eine passende Krawatte für mich bereit.

Gary und Loretta behalten recht: 1020 Park Avenue ist eines jener noblen Apartmenthäuser in Upper Manhattan, die so sehr nach Reichtum riechen, dass es schon nicht mehr riecht. Breites Trottoir, markisenüberdachtes Portal, die gläserne Haustür fest verschlossen. Der Portier in der dunkelblauen Livree überprüft übers Haustelefon die Stichhaltigkeit meiner Angaben: Welcome, Miss Kaufman erwartet Sie, 20. Stock.

Lobby mit Sitzecke, dann rasch zum Lift. Ein junger Mann vom Hauspersonal verteilt die Post des Tages. Ein eigenes Sortierregal fährt zu diesem Zweck im Aufzug mit – für jede Partei ein Fach. Das Fach »Kaufman« ist besonders reichlich angefüllt.

Bel Kaufman kommt mir über den Flur entgegen: Die Nummer eins unter den Scholem-Alejchem-Erben ist eine attraktive, sehr lebendige und ausgesprochen umgängliche Frau – der Typ von Amerikanerin, deren Herzlichkeit auch Erfolg und Weltläufigkeit nichts haben anhaben können. Als der berühmte »Papa« (der in Wirklichkeit Großpapa war, aber wegen seines jugendlichen Naturells auch von den Enkeln nie anders als »Papa« gerufen wurde) während des Ersten Weltkrieges starb, war die kleine Bella fünf, ich komme also beim Nachrechnen ihres heutigen Alters auf um die siebzig – nicht zu glauben.

Im Wohnzimmer, gleich rechts vom Eingang, hängt ein riesiges Foto an der Wand: Scholem Alejchem, auf einer Bank sitzend, die zwei einzigen Enkel, die er noch selber erlebt hat, auf dem Schoß. Bella, ein Jahr alt, daneben ihre Cousine Tamara, sechs. Bei einem ihrer Auftritte vor einigen Jahren irgendwo in Amerika haben sich die Veranstalter dies zu ihrem Empfang ausgedacht: eine Vergrößerung des Drei-Personen-Porträts auf Plakatwandformat. Und da es tatsächlich unter den Tausenden Fotos, die im Lauf ihres Lebens von ihr angefertigt worden sind, ihr liebstes ist, hat es diesen exponierten Platz in ihrer Wohnung erhalten. Die Tagesikone – für alle Tage des Jahres.

Es ist bis heute ihr Standardkonterfei geblieben: Kein Zeitungsartikel über Bel Kaufman, der nicht mit dieser Kindheitserinnerung illustriert wäre, und als ich sie später, vor der Verabschiedung, meinerseits um die Überlassung von etwas Passendem bitte, wird es auch da eine Kopie des bewussten Gruppenbildes sein. Ich habe sie im Verdacht, dass sie es stoßweise und in allen Formaten auf Vorrat hat.

Es ist allerdings auch eine erstklassige Atelier-arbeit – nicht der heutige Schnellbildschund. Der Dichter knapp nach seinem fünfzigsten Geburtstag: Künstlermähne und Bärtchen, Seidenkrawatte, Samt-weste und Pincenez. Und die kleine Bella: kugelrun-des baby face, eine kecke Masche im Haar, irgendein unidentifizierbares Spielzeug in der Hand, das bunt bestickte russische Kittelkleid, das der Großvater selber im Wäscheladen für sie ausgesucht hat. Kein Wunder, dass das erinnerungsträchtige Stück in ihrer Familie zum Kultgegenstand geworden ist – weiter-gegeben von Generation zu Generation. Die Tochter trug es, das Enkelkind trug es – jetzt ist es wohlver-wahrt für die Urenkel.

Bel Kaufmans Scholem-Alejchem-Kult ist echt, frei von jeglichem Schielen nach Tantiemen-Millionen: Sie hat aus eigener Kraft ihren Weg gemacht. Allein *Up the Down Staircase*, der Bestsellerroman, in dem sie ihre Jahre als College- und HighSchool-Lehrerin verarbeitet hat, ist in über vier Millionen verkauften Exemplaren verbreitet. Und da kommt Scholem Alej-chem weder im Text noch auf dem Schutzumschlag vor, weder als handelnde Person noch als Promotor. Aber ich greife vor.

Scholem Alejchem mit Enkelin Bel Kaufman

Bel Kaufman serviert das Frühstück; ihr Mann verabschiedet sich, er wird schon im Studio erwartet. Er sieht mir an, dass ich gern wüsste, welche Art Studio es ist, und so deutet er lächelnd auf das kühne Muster seiner betont modischen Krawatte: Mister Gluck ist Textildesigner. »Mister Gluck«? Bel Kaufman hat also für die eigene Karriere an ihrem Mädchennamen festgehalten.

Ihr Vater hat an ihrem Geburtsort Berlin Medizin studiert, aber auch als Arzt hat er stets seinen künstlerischen Neigungen nachgegeben: In einem der offenen Regale steht eine Reihe von Kleinskulpturen: Köpfe, Figuren – aus russischem Brot modelliert und mit einem eigenen Verfahren haltbar gemacht.

Mutters Spuren sind literarischer Natur: Lala Kaufman, des Dichters zweitältestes Kind, hat Scholem Alejchems Werke ins Russische übersetzt – im Bücherschrank steht die Gesamtausgabe. Außerdem war sie eine erfolgreiche jiddische Kurzgeschichtenautorin: Der *Jewish Daily Forward* hat an die zweitausend Stück davon gedruckt. Die Schreibtradition des »jüdischen Mark Twain« ist also ungebrochen auf Tochter und Enkelkind übergegangen. Und nicht nur das – auch charakteristische Züge seines Wesens: »Sein ausgeprägter Sinn für Pomp zum Beispiel. All seine Extravaganz, seine Großzügigkeit, sein Humor.« Bel Kaufman beginnt zu erzählen …

Dieses kunstvolle Geschenkeverpacken, wenn eines der Kinder Geburtstag hatte. Und dann mitten in der Nacht das Hineinschleichen ins Kinderzimmer und das heimliche Errichten von Geschenkpyramiden neben dem Bett. Oder dieser drastische Schönheitssinn – etwa wenn er einen Hut seiner Frau, dessen Fasson ihm missfiel, aus dem Verkehr zog, indem er ihn kurzerhand in zwei Teile zerschnitt.

Oder diese konsequente Liebe zur Natur: Nie hätte er es zugelassen, dass die Kinder, die ihn bei seinen Spaziergängen begleiteten, Blumen gepflückt hätten. »Finger weg, lass sie leben!«

Oder diese Fantasie des Schenkens: »Siehst du diesen Berg da drüben, Bellochka, diesen See? Ich schenk sie dir … «

Bel Kaufmans Erinnerungen an ihren Großvater sind natürlich nur zum Teil Erinnerungen aus erster Hand: Sie war fünf, als er starb, und sie war drei, als sie ihn zum letzten Mal sah: Ferien an der Baltischen See. Scholem Alejchem ging das zweite Mal und nunmehr für immer nach Amerika, die Kaufmans blieben in Russland. Odessa, später Moskau – erst, als Bella zwölf Jahre alt und der Großvater nicht mehr am Leben war, folgten sie ihm in die Neue Welt nach. Und erst hier, in Sprachkursen in New York, machte sich Bella Kaufman die Sprache zu eigen, in der Scholem Alejchem geschrieben, die er – zusammen mit dem Kollegen Mendele Moicher Sforim – vom Küchenidiom zum literarischen Instrument erhoben und zu deren Überleben er dadurch so entscheidend beigetragen hatte. Wäre ein Nobelpreisträger Isaac Bashevis Singer denn denkbar ohne die »Vorarbeit« eines Scholem Rabinowitsch, der sich Scholem Alejchem nannte? Ohne sol-

79

che Perlen der jiddischen Dichtung wie *Menachem Mendel*, ohne solche Welterfolge wie *Tewje, der Milchmann*?

Die Umsetzung des Tewje-Stoffes (den übrigens Scholem Alejchem selber noch dramatisiert hat, ohne dass daraus allerdings – mit Ausnahme einer frühen Verfilmung durch Maurice Schwartz – etwas geworden wäre) in ein modernes Musical, das vom Broadway aus die Bühnen der westlichen Welt eroberte (teils als *Fiddler on the Roof*, teils als *Anatevka*), hat den Namen Scholem Alejchem auch außerhalb des jüdischen Milieus bekannt gemacht – ja, sogar vor allem dort. Denn unter Kennern bestand nie ein Zweifel darüber, dass Sheldon Harnicks Libretto und Jerry Bocks Musik bei aller Genialität doch einen sehr amerikanischen Verschnitt von Scholem Alejchems authentischer Beschreibung der ostjüdischen Welt im zaristischen Russland darstellen. Und auch das ganz große Geld haben damit nicht die Scholem-Alejchem-Erben gemacht (Bel Kaufman ist eine von sieben; in New York lebt, hochbetagt in einem Heim, sogar noch eine der Töchter des Dichters), sondern die Broadway-Leute. Es ist daher begreiflich, dass Bel Kaufman lieber von ihren eigenen Aktivitäten berichtet, und an denen ist in der Tat kein Mangel.

Da ist zunächst einmal die alljährliche Erfüllung von Scholem Alejchems testamentarisch festgehaltenem Wunsch, seine Familie und seine Freunde mögen sich regelmäßig an seinem Todestag zusammenfinden – und zwar nicht in Trauer, sondern ganz im Gegenteil so ausgelassen wie möglich: seinen Geschichten lauschend, über seine Geschichten lachend. Bel Kaufman wickelt die Sache für den in Amerika ansässigen Teil ab, die in Tel Aviv lebende Cousine Tamara (die das Werk des Großvaters ins Englische übersetzt hat) simultan für den israelischen. Es sind jedes Mal an die hundert Personen, die sich dann in dem Apartment in der New Yorker Park Avenue versammeln, man engagiert befreundete Schauspieler als Vorleser, trinkt Tee und tauscht Scholem-Alejchem-Anekdoten aus – etwa die von den Handschuhen, die der Dichter beim Schreiben trug, weil er die leidige Angewohnheit hatte, sich bei besonders angestrengtem Nachdenken die Finger blutig zu beißen, oder die von seiner krankhaft abergläubischen Furcht vor der Zahl 13, die ihn bei der Paginierung seiner Manuskripte stets auf die 12 a ausweichen ließ. Wird unter Kennern nicht bis heute sein Todesdatum – das tatsächlich auf einen 13. Mai fiel! – beharrlich mit 12 a angegeben?

Scholem Alejchems Grab befindet sich auf dem Mount Carmel Friedhof im Stadtteil Brooklyn und, da er in seinem von der *New York Times* abgedruckten letzten Willen ausdrücklich verfügte, »not among the rich and famous, but among the common people« ruhen zu wollen, im sogenannten Workmen's Circle. So populär war er bei seinem Tod, dass am Tag des Begräbnisses ihm zu Ehren alle jüdischen Geschäfte von New York geschlossen hielten und die Chronik von 150 000 Trauernden in den Straßen von New York berichtet! Als vor einigen Jahren sein Sterbehaus in der Kelly Street abgerissen wurde, brachten es die

Arbeiter nicht über sich, die Mesusa, also die traditionelle Kapsel mit dem Moses-Pergament vom Türpfosten seiner Wohnung, dem allgemeinen Schutt einzuverleiben: Enkelin Bel Kaufman hütet sie seither wie ein heiliges Gut.

Wir wechseln vom Wohnzimmer ins Arbeitszimmer und damit von der Scholem-Alejchem-Erbin Bel Kaufman zur selbstständigen Autorin gleichen Namens: Ihr Roman *Up the Down Staircase* (der Titel ist ein Paradoxon, das auf das Treppensystem in den amerikanischen Schulen anspielt: Die eine darf nur hinauf, die andere nur hinunter benützt werden) war nach seinem Erscheinen im Jahr 1964 fünf Monate hindurch die Nummer eins auf den amerikanischen Bestsellerlisten und ist in 19 Sprachen übersetzt (erstaunlicherweise erst 58 Jahre später in die deutsche*). Kein Autor und kein Verlag, der auf einen solchen Erfolg nicht schleunigst einen weiteren folgen ließe. Bel Kaufman ließ sich dafür 15 Jahre Zeit. Wieso das? Fiel ihr nichts Neues ein? War mit dem Debüt auch schon alles Pulver verschossen? Wieso erst 1979 *Love etc.*? Sie werden den Grund nicht erraten; er heißt: Scholem Alejchem. Bei allem eigenen Ehrgeiz: Das Andenken an Person und Werk des über alles geliebten Großvaters behielt für Bel Kaufman – auch nun, wo sie selber zum Star geworden war, gelobt und

---

* Für September 2022 ist eine deutsche Ausgabe unter dem Titel *Die Abwärtstreppe rauf* in der Frankfurter Verlagsanstalt angekündigt.

gelesen, vermarktet und verfilmt, mit Preisen über-schüttet und mit Ehren – den Vorrang.

»Survival through humour« heißt ihr Standardvor-trag über Scholem Alejchem. »Mit Humor überle-ben« – mit diesem Thema reist sie durch die Lande, oft und gern. »Ich bin außerordentlich anfällig für Einla-dungen.« Einmal ist es ein Frauenverein, ein andermal ein Lehrerkongress – da kann es ohne Weiteres sein, dass sie zwei-, dreitausend Zuhörer vor sich hat. Bei einer Veranstaltung in Montreal ließ sich ein Taubblin-der an ihr Vortragspult führen – es genügte ihm, der Enkelin seines Lieblingsdichters die Hand zu reichen, sie hören oder sehen konnte er nicht. Einige Tage vor meinem Besuch gab's eine Scholem-Alejchem-Feier in der Park Avenue Synagoge – Bel Kaufman hielt die Festrede. Und klar, dass auch auf den Plakaten, mit denen für ihre Veranstaltungen geworben wird, fast immer das berühmte Kinderfoto zu sehen ist: die Ein-jährige auf Großvaters Schoß.

Es ist eine Besessenheit, die nur wenig mit finan-ziellem Ertrag zu tun hat: Für das meiste von Scholem Alejchems Œuvre ist das Copyright abgelaufen. Es ist wohl eher eine Kombination aus Familienstolz und jüdischer Überlebensstrategie. Wenn sie nicht über ihn spricht, schreibt sie über ihn. Die Zahl ihrer Artikel ist Legion – ich blättere in dem vom Smithsonian Insti-tute in Washington herausgegebenen Standardwerk über den Einfluss der Einwanderer auf die Geschich-te der Vereinigten Staaten, Bel Kaufman hat darin Scholem Alejchems Anteil dargestellt. Ihre nächste

Arbeit wird ein Theatertext für eine One-Man-Show sein, es schwebt ihr eine Art »Digest« vor, die Scholem Alejchems abenteuerliche Lebensgeschichte mit einer Revue seiner Hauptfiguren verbindet, der Verlag drängt schon. Ja, und dann liegt da noch das 300-Seiten-Typoskript *Oral Memoir*, Resultat eines fünfzigstündigen Tonbandinterviews, das in zahlreichen Sitzungen eine New Yorker Journalistin mit ihr angefertigt hat: Daraus soll eines Tages die große authentische Scholem-Alejchem-Biografie werden. Auch über ein neues Broadway-Musical wird verhandelt, obwohl sich kaum jemand vorstellen kann, dass ein Erfolg vom Ausmaß des *Fiddler* wiederholbar ist. Schon das Nachfolgestück *The World of Sholom Aleichem* war eine eher fragwürdige Angelegenheit. Eines freilich hat es bewirkt: dass heute immer mehr amerikanische Juden – auch auf der durch die Fernsehserie *Roots* ausgelösten Ahnenwelle – Interesse am jiddischen Idiom zeigen: Die einschlägigen Sprachkurse sind überfüllt.

Wenn Bel Kaufman sich als Scholem-Alejchem-Lobby in Szene setzt, tut sie dies in zwei Sprachen, die sie sich beide erst in der neuen Heimat Amerika hat aneignen müssen: Englisch und Jiddisch. »Sie dürfen nicht vergessen, wir waren Russen.«

Es freut sie daher, dass Scholem Alejchems Geschichten auch in der Sowjetunion verbreitet sind – bei einer Reise, eingeladen vom dortigen Schriftstellerverband, konnte sie sich persönlich davon überzeugen. Sein Geburtshaus in dem ukrainischen Städtchen Perejaslaw-Chmelnizki ist in ein Museum umgewandelt, die sowjetische Post hat den großen Humoristen aus zaristischer Zeit mit der Herausgabe einer Gedächtnisbriefmarke geehrt – nur seine Zugehörigkeit zur mosaischen Glaubensgemeinschaft lässt Moskau gern unter den Tisch fallen.

Natürlich hat sich Bel Kaufman auch in Kiew umgesehen – hier steht noch das Haus, in dem er und »seine Republik« (wie Scholem Alejchem seine umfangreiche Familie zu nennen pflegte) viele Jahre gelebt haben, hier ist – in einem der Neubauviertel an der Peripherie der Stadt – eine Straße nach ihm benannt, und von hier aus zog er Sommer für Sommer in jene Feriendatscha im nahen Bojarka, in der ihm das lebende Urbild seines Tewje die Milch und den Rahm, die Butter und den Käse ins Haus geliefert hat – zusammen mit jenen unnachahmlichen Schnurren, die den Dichter später zu seinem populärsten Roman inspiriert haben: *Tewje, der Milchmann*.

Jetzt endlich wird aus meinem Interview ein Dialog: Ich kann die Scholem-Alejchem-Enkelin davon unterrichten, wie es mir auf einer meiner eigenen Reisen gelungen ist, dem Original-Tewje auf die Spur zu kommen: mithilfe des hochbetagten Lehrers Wladimir Nikolajewitsch aus dem Nachbardorf Sabirja, der den frommen jüdischen Wanderhändler Tobias aus Ignatowka (der Dichter machte daraus Tewje und Anatevka) noch selber gekannt hat und in dessen Haus ein und aus gegangen ist.

Jetzt ist es an Bel Kaufman, mich zu bewundern – sie kann sich nicht vorstellen, wie ein nichtjüdischer

Spurensucher sich bei einem Gegenstand wie diesem so sehr ins Zeug legt. Ich kriege also von ihr, bevor wir uns voneinander verabschieden, eine besonders hübsche Widmung in ihr Buch.

Übrigens hat sich – auch nachdem aus dem Tewje-Roman das Broadway-Musical *Fiddler on the Roof* und damit ein Welterfolg geworden war – niemals einer der Nachkommen des Prototyps bei den Scholem-Alejchem-Erben gemeldet. Das kann die verschiedensten Gründe haben: Das Stück ist im Ostblock unbekannt. Schlimm genug. Aber noch schlimmer: Die Familie des jüdischen Milchhändlers Tobias alias Tewje könnte – sei es durch eines der Pogrome der spätzaristischen Zeit, sei es durch den Holocaust der Nazis – ausgelöscht sein.

Man weiß, mit welch gemischten Gefühlen Schriftsteller Menschen gegenübertreten, die sich in deren Werken wiedererkennen. Verstimmung ist noch das Mindeste, was eintritt, Schadenersatzanspruch und Ehrenbeleidigungsprozess keine Seltenheit. Und oft ist das Verhalten der Hinterbliebenen noch törichter, noch indolenter als das der direkt »Betroffenen«. Nikos Kazantzakis, Thomas Mann und Tennessee Williams könnten ein Lied davon singen. Was also, wenn sich plötzlich einer aus der Tewje-Sippe bei den Scholem-Alejchem-Erben meldete, noch dazu vielleicht ein armer Teufel, der es nicht verwinden kann, wie viel Geld andere mit seiner *life story* gemacht haben? Würde man ihn über die Haltlosigkeit seiner Ansprüche aufklären? Würde man ihn an die dicken Brieftaschen der Broadway-Producer verweisen? Oder würde man sich der legendären Großzügigkeit des Dichters entsinnen, der eines Tages, von einem Spaziergang heimkehrend, von seiner Frau gefragt wurde:

»Wo ist dein Mantel?«

»Welcher Mantel?«

»Na, den du angehabt hast, als du fortgingst.«

»Ach, den. Den hab ich einem armen Schlucker geschenkt, der keinen gehabt hat.«

Scholem Alejchems Großzügigkeit lebt in seinen Nachkommen fort: Wo andere jeden Notizzettel verhökern, sind die Bestände des *Beth Scholem Alejchem*, das seit 1966 in Tel Aviv den Nachlass des Dichters verwaltet, fast zur Gänze aus freiwilligen Spenden hervorgegangen. Ein Spazierstock des Großvaters, ein Rarissimum schon seiner jiddischen Inschrift wegen, ist das einzige an Erinnerungsstücken, das Bel Kaufman für sich zurückbehalten hat. Und natürlich das bewusste Kinderbild – im Russenkittel auf »Papotschkas« Schoß. Alles andere ist immaterieller Natur, hat sie im Kopf: Erinnerung. Erinnerung an einen Geschichten erzählenden Großvater, der so voller Witz war, dass er mitunter sogar beim Schreiben laut auflachte, so voller Intuition, dass er in jeglicher Lebenslage zu fabulieren imstande war: im Sitzen wie im Liegen, im Stehen wie im Gehen, so voller Sprachdisziplin, dass er den schon beim Verlag abgelieferten Manuskripten oft nur um einer einzigen Wortkorrektur willen aufwendige Telegramme nachschickte.

Und doch: Bel Kaufman, ganz die moderne Amerikanerin von heute, mag sich nicht mit der Erinnerung allein begnügen. Selber ein Profi des schreibenden Metiers, ertappt sie sich zuweilen dabei, wie sie in ihrer Fantasie den berühmten Großvater von seinem Schreibtisch im alten Kiew oder Odessa ins heutige Manhattan verpflanzt: »Ich bin ganz sicher, er würde alle Möglichkeiten, die ihm das schriftstellerische Instrumentarium unserer Zeit bietet, mit Genuss ausschöpfen. Er wäre begeistert von Kugelschreiber und Paperback, von Bestsellerliste und Fernsehinterview.«

Wilde Klage

Am Schauplatz von Georg Trakls
Kriegsdichtung Grodek, *1974*

Es muss im Frühjahr 1973 gewesen sein, ich saß über dem Manuskript meines Buches *Schauplätze öster-reichischer Dichtung*, hatte meine Recherchen weit über das heutige Österreich hinaus erstreckt, sah mich in Budapest nach Molnárs *Liliom*, im Trientiner Fersental nach Musils *Grigia*, in der Gegend um Triest nach Rilkes *Duino* und im polnischen Łódź nach Joseph Roths *Hotel Savoy* um. Nur *ein* Kapitel fehlte noch, es war das zwanzigste: *Grodek*. Das gleichnamige Gedicht des genialen Salzburger Lyrikers Georg Trakl, mit dem sich der 27-Jährige, als Sanitäter an der galizischen Ostfront im Einsatz stehend, im Oktober 1914 von der Welt verabschiedet hatte, hatte mich so tief erschüttert, dass mich der Wunsch antrieb, den Ort des Geschehens aufzusuchen und, so bitter dies auch sein mochte, die Atmosphäre jener grauenvollen Apokalypse auf mich wirken zu lassen – 59 Jahre danach.

Auf einem Fetzen Briefpapier hatte der vom Massentod seiner Kameraden fast in den Wahnsinn getriebene Dichter die 17 Zeilen niedergeschrieben – mit Bleistift in Kurrent. Nur für den ersten der Verse hatte er lateinische Buchstaben gewählt – wohl, um den alles andere als sieghaften Text anstandslos durch die Militärzensur zu bringen:

Am Abend tönen die herbstlichen Wälder
Von tödlichen Waffen, die goldnen Ebenen
Und blauen Seen, darüber die Sonne
Düstrer hinrollt; umfängt die Nacht
Sterbende Krieger, die wilde Klage
Ihrer zerbrochenen Münder

»Medikamentenakzessist der Reserve« – so lautete
die offizielle Rangbezeichnung des Feldapothekers
Georg Trakl; auf dem Rückzug von der Front, irgendwo zwischen Rzeszów, Tarnów und Limanowa, hatte er sich seine Verzweiflung über das bluttriefende
Kriegsgeschehen von 1914 von der Seele geschrieben;
aus dem Krakauer Garnisonsspital Nummer 15, wo
er kurz darauf an einer Überdosis Kokain starb, ging
der Brief mit der roten Zehn-Heller-Marke zur Post.
Seine letzte Nachricht in die Heimat, sein letztes
Gedicht: »Alle Straßen münden in schwarze Verwesung«.

»Schwarze Verwesung« – das war nicht gerade das,
was man bei der ohnehin demoralisierten Truppe lesen
wollte. Hatte nicht schon der polnische Assistenzarzt,
der Trakls Krankengeschichte erstellte, über das Verhalten seines Patienten vermerkt: »Nachts gewöhnlich schlaflos, schreibt verschiedene Gedichte.« Und
an anderer Stelle, noch krasser, noch despektierlicher:
»Übt in Zivil nicht seinen Beruf aus, sondern dichtet« – die Denunziationsvokabel »dichtet« wohlweis-
lich zwischen Anführungszeichen gesetzt.

Vor der Schlacht von Grodek:
Georg Trakl

Ich war mir darüber im Klaren, dass es nicht leicht sein würde, an den Originalschauplatz von Trakls Gedicht zu gelangen: Sowjetunion 1973, mitten im Kalten Krieg. Gerade war wieder eine Runde der Wiener Truppenabbaugespräche zwischen den zwölf NATO- und den sieben Warschauer-Pakt-Staaten ohne sichtbares Ergebnis zu Ende gegangen. Und das altösterreichische Städtchen Grodek, jetzt Gorodok, war seit 1922 Teil der Sozialistischen Republik Ukraine, also sowjetisches Hoheitsgebiet. Schon von meinen Dostojewski-Recherchen in Leningrad, zu denen ich im Vorjahr aufgebrochen war, wusste ich, dass die misstrauischen Russen hinter allem und jedem Spionage vermuteten, selbst hinter meinem noch so harmlosen Tun. Ich musste mich also als Tourist tarnen, der mit keinem Schritt von den staatlich zugelassenen Routen abweichen würde.

Um die geopolitische Lage von Grodek/Gorodok zu ermitteln, würde ich meine alten Lexika bemühen müssen, oder besser noch: die Messblätter des einstigen Militärgeographischen Instituts in Wien. 30 Kilometer westlich von Lemberg, dem nunmehrigen Lwow – alle, die ich in meinen Plan einweihte, rieten mir von der Reise ab: Der erhoffte Abstecher nach Grodek/Gorodok würde nie und nimmer zustande kommen. Man wisse es von Verwandtenbesuchen: Die Russen ließen die Reisenden aus dem verteufelten Westen immer nur in die nächstgelegene Großstadt, die draußen auf dem Land lebenden Angehörigen kämen dann zu ihnen ins Hotel, niemals umgekehrt.

Ich schaltete den Direktor der Wiener Intourist-Zentrale ein. Als hätte er niemals etwas von Reisebeschränkungen in seinem Land gehört, zeigte er sich über meine Zweifel erstaunt, ja fast beleidigt, setzte sein undurchsichtigstes Pokerface auf und hieß mich beim Konsulat das Visum beantragen. »Gute Fahrt!«, rief er mir noch nach. Um ganz sicherzugehen, sprach ich überdies beim Leiter der Kultur- und Presseabteilung der sowjetischen Botschaft vor. Der freundliche Beamte, perfekt Deutsch sprechend, las aufmerksam Trakls Text, rühmte sogar dessen überragende Qualität, nur meine Beteuerung, nichts anderes im Sinne zu haben, als dessen Ursprungsort kennenzulernen, ließ ihn die Stirn runzeln, und statt auf meine weiteren Fragen einzugehen, wechselte er abrupt das Thema, lenkte das Gespräch auf die glorreichen kulturellen Errungenschaften seines Staates, stimmte insbesondere ein Preislied auf das Bolschoi-Ballett an, wobei, wohldosiert, auch das eine und andere Lob für die aktuelle Wiener Theaterszene abfiel.

Wenige Tage später – es konnte mich nicht wirklich überraschen – traf der Bescheid ein, per Telex aus Moskau:

betr. kunden grieser bezugsnummer 3-22271: intourist organisiert keinen ausflug nach gorodok.

Lemberg »da«, Grodek »njet«.

Sollte ich also meinen Plan fallenlassen und die Reise stornieren? Oder vielleicht doch auf eine List hoffen, mit der ich trotz aller Widerstände ans Ziel meiner Wünsche gelangen würde? Außerdem, auch Lemberg *ohne* Grodek schien mir eine Reise wert: Hatte ich nicht immer schon die Civitas finitima Regni, den einstigen Außenposten der österreichisch-ungarischen Monarchie, kennenlernen wollen? Ich buchte die Bahnfahrt nach Lwow.

Die Strecke führte über Bratislava, Košice und Tschop; die Durchreisevisa für die Tschechoslowakei und Polen hatte ich mir schon vorher gesichert. Da trat wenige Tage vor meiner Abreise ein Umstand ein, der mich – zu meinem Glück, wie sich herausstellen sollte – zu einer Änderung der Route zwang: In Österreich war die Rinderpest ausgebrochen, die Tschechen schlossen ihre Grenze, ich musste den Weg über Krakau und die polnisch-russische Grenzstation Przemyśl wählen – und das bedeutete: Mein Zug würde durch Gorodok fahren! Zwar würde er dort nicht anhalten, aber immerhin würde ich von meinem Abteil aus einen Blick auf Bahnstation und Stadt werfen, einen Eindruck von Landschaft und Atmosphäre gewinnen können: besser als nichts. Hatte nicht auch Joseph Roth im *Radetzkymarsch* den alten Bezirkshauptmann von Trotta auf dem Weg nach Galizien an keiner der Stationen aussteigen, sondern die für ihn bestürzend neue Welt nur vom Eisenbahncoupé aus erleben lassen: »Auch durch das Fenster«, hieß es an einer Stelle seines Romans, »ließ sie sich in Augenschein nehmen.«

Ich traf die nötigen Vorbereitungen, rüstete mich mit Fahrplan und Reiseführer, mit Landkarte und Trakl-Literatur aus, übte mich, um die Namen der einzelnen Bahnstationen entziffern zu können, ins russische Alphabet ein, deckte mich, um eventuell widersetzliches Zugpersonal günstig zu stimmen, mit kleineren Gastgeschenken ein. Auch Freund Marco, der sich erbötig gezeigt hatte, mich zu begleiten, um die Fotos für den geplanten Reisebericht beizusteuern, versicherte mich der gebotenen Zurückhaltung, würde die von misstrauischen Mitreisenden kritisch beäugte Kamera so sparsam wie möglich einsetzen.

Die Fahrt konnte beginnen. Sie verlief im Großen und Ganzen klaglos; auch die Nervosität, die Marco und mich erfasste, je mehr wir uns auf dem Streckenabschnitt Przemyśl–Lwow der Station Gorodok näherten, blieb unbemerkt: Touristen sind nun einmal neugierig, unruhig, zappelig. Auch unser steter Blick auf Fahrplan und Uhr fiel nicht weiter auf: Da unser Zug pünktlich unterwegs war, hatten wir unschwer errechnen können, wann wir Gorodok passieren würden.

Jetzt war es nur noch eine Viertelstunde bis zum »Ziel«: Die eintönige Landschaft, durchwegs eben und nur dünn besiedelt, hier ein Flachsfeld, dort ein Getreidesilo, ging nach und nach in Sumpfboden über, ein Fischteich kündigte die Ausläufer der nahen Seenplatte an, deren Wasser, Schilfgürtel und Ufergesträuch sich zu jenen Bildern verdichteten, die wir schon aus Trakls Gedichttext kannten. Kurz vor Goro-

dok legte der Zug, als wollte er unseren Plan durch-
kreuzen, zumindest das Stationsschild aufs Bild zu
bannen, plötzlich an Tempo zu: Das weiß-blau geka-
chelte Bahnhofsgebäude flog vorbei, eine alte Dampf-
lokomotive lugte aus ihrem Depot, von der Ortschaft
selbst nur vage Umrisse, sogleich wieder Landschaft,
nichts als Landschaft. Das schon vom polnischen
Streckenabschnitt her vertraute Bild des einzelnen
Kuhhirten mit der einzelnen Kuh, auf einem von Kie-
fern und Ginster umstandenen Hügelchen ein Solda-
tenfriedhof. Die Bahntrasse mit der russischen Breit-
spur verlief nun schon fast parallel zur Landstraße: so
gut wie keine Pkw, nur Fernlaster. Und doch: Hatte
sich nicht schon jetzt, mit diesem flüchtigen Blick auf
Trakls Schicksalslandschaft, unsere Reise gelohnt?

Noch ahnte ich nicht, dass ich, nach weiteren dreißig Minuten Bahnfahrt in Lemberg/Lwow eintref-
fend, abermals Glück haben würde. Ich bezog mein
Quartier, an der Rezeption des Hotels holte ich Infor-
mationen über die von der staatlichen Reiseorganisa-
tion Intourist angebotenen Sightseeing-Programme
ein. Deren fünf standen zur Wahl: eine Stadtrundfahrt,
die obligatorische Besichtigung der historisch-revo-
lutionären Gedenkstätten, eine Führung durch die
städtischen Parkanlagen, eine Tagestour in die Karpaten und eine Bootsfahrt auf dem See von Glinnara
Nawarja.

Mit Ausnahme der Karpaten-Tour und der Bootsfahrt absolvierten Marco und ich das komplette Programm, todmüde fielen wir nach dem späten Nacht-

mahl in unsere Hotelbetten. Kurz vorm Einschlafen warf ich noch einen letzten Blick in den Trakl-Band, der auf meinem Nachttisch bereitlag: *Grodek*. Das Gedicht, dessentwegen ich die Reise angetreten hatte. Wieder zogen die Bilder des 17-Zeilers an meinem geistigen Auge vorbei: die »herbstlichen Wälder«, die »goldenen Ebenen«, der »schweigende Hain«. Und dann – vor lauter Aufregung glitt mir das Buch aus der Hand und fiel zu Boden – das Wort von den »blauen Seen, darüber die Sonne düstrer hinrollt …« Wie war denn das, so überlegte ich, mit der ominösen Bootsfahrt auf dem See von Glinnara Nawarja, Intourist-Programm Nummer vier? Und wo mochte sich dieser See befinden? Von Einschlafen keine Rede mehr, ich stand auf, fischte die alte Heereslandkarte aus dem Handkoffer. Im Nu hatte ich die blauen Tupfer vor Augen, die die von den Wassern der Wereschtschizja durchflossene Seenplatte markierten – und da war es auch schon: das Dorf Glinnara Nawarja. Und nur wenige Kilometer davon entfernt: Gorodok/ Grodek! Mit der Gewissheit, meine Reise doch nicht umsonst angetreten zu haben, sondern am folgenden Tag – sogar mit der unfreiwilligen Hilfe von Intourist! – in den »Einzugsbereich« des Trakl-Schauplatzes vordringen zu können, schlief ich selig ein.

Gleich nach dem Frühstück buchte ich die angebotene Ausflugsfahrt. Und wieder hatte ich Glück: Glinnara Nawarja, so informierte mich die Dame von der Rezeption, zähle zu den nur sehr selten gebuchten Programmen, werde daher nicht per Bus, sondern nur per Limousine und Privatchauffeur abgewickelt, sei also ein teurer Spaß. Muss ich betonen, dass mir der »Spaß« jeden Preis wert war?

Der Wagen fuhr vor, Marco und ich stiegen ein. Eine gute halbe Stunde und wir waren am Ziel; schon von Weitem sah man das sonnenbeglänzte Wasser des Sees aufblitzen; die schmale Mole und die klapprigen Ruderboote traten ins Bild, der Tischler, der für die bevorstehende Saison die Sonnenschirme herrichtete, die Frau vom Bootsverleih, die erst aus ihrem Vormittagsschlaf geweckt werden musste, das Pärchen, das am Uferrand sein Zelt aufgeschlagen hatte, von irgendwoher der scheppernde Klang eines Transistorradios, die Schülergruppe, die dem Bad im noch eiskalten Wasser ein rasch improvisiertes Fußballmatch vorzog.

Der Fahrpreis, der dem Chauffeur zu entrichten sein würde, war schon vorher ausgehandelt; jetzt ging es nur noch darum, den guten Mann für die vereinbarten drei Stunden ruhigzustellen, damit wir ungestört durch die Gegend streifen und möglichst viel von der in Trakls Versen entworfenen Szenerie einfangen könnten. Von unserem Fahrer waren keine Schwierigkeiten zu erwarten: Nichts war ihm lieber, als gleichfalls in Ruhe gelassen zu werden; von mir reichlich mit Trinkgeld versorgt, verkroch er sich glückselig in die nahe gelegene Bierschenke und trat erst wieder in Aktion, als wir nach getaner Arbeit zur Heimfahrt zurückkehrten – ich mit prall gefülltem Notizblock, Marco mit ebenso prall gefüllter Kamera.

Spielte es da eine Rolle, ob unsere Funde exakt mit dem vom Dichter beschworenen »schweigenden Hain« und »goldnen Gezweig« übereinstimmten? Hatte nicht schon Trakls Schicksalsgefährte Josef Leitgeb, der nach der Überführung des Leichnams seines Landsmannes vom Krakauer Militärfriedhof ins heimatliche Mühlau die Grabrede gehalten hatte, *Grodek* als das »Abendlied des Abendlandes« bezeichnet, »außerhalb aller geschichtlichen Zeit«? Und ganz ähnlich der Trakl-Interpret Eduard Lachmann, der für seine Deutung des berühmten Gedichts gar das Bild von der »ossianhaften Landschaft«, vom »mythischen Weltschauer« herangezogen hat. War es da nicht völlig unerheblich, ob die »Realitätspartikel«, die wir bei unserem Lokalaugenschein in und um Glinnara Nawarja aufgelesen hatten, näher an Trakls Weltuntergangsvision heranführten als die stille Vertiefung in den Text?

Ich war, so wurde mir zum Abschluss meines Unternehmens schreckhaft klar, ganz offensichtlich an die Grenzen meines Metiers gestoßen: Literaturtopografie mag in einzelnen Fällen manches zum Verständnis ihres Gegenstands beitragen, dessen Lösung ist es nicht. Schon gar nicht bei einem Mystiker wie Georg Trakl. Ich würde bei meinen künftigen Recherchen auf den Spuren der großen Dichter wohl behutsamer vorgehen müssen.

Zwei Rippen

Leo Perutz und sein Fronthund

Eines der erschreckendsten und zugleich rührends-ten Nebenereignisse der europäischen Kriegsge-schichte führt uns ins Umland von Stryj, der südlich von Lemberg gelegenen Industrie- und Handelsstadt des ab 1772 zu Österreich gehörenden Kronlandes Galizien. Die Ukraine-Touristen des 21. Jahrhunderts lassen in der Regel die heute 70 000 Einwohner zäh-lende Bezirkshauptstadt am Fuße der Karpaten links liegen, steigen in dem am linken Ufer des gleichna-migen Flusses gelegenen Stryj nicht aus dem Zug. Zu Unrecht: Es würde sich durchaus lohnen, hier die Fahrt – übrigens an der alten Hauptstrecke Lemberg–Mukatschewe–Budapest! – zu unterbrechen und die malerische Altstadt rund um den ausufernden Markt-platz mit seinen bürgerstolzen k. u. k. Bauten auf sich wirken zu lassen. Ja, für eine der vielen Besonderheiten von Stryj brauchte der Ankömmling nicht einmal den Bahnhof zu verlassen: Es ist jener einst in der Region weitverbreitete Typ von Billigunterkunft, der sich – unter dem schlichten Namen »Bahnhofszimmer« – hier in einem letzten Exemplar erhalten hat.

Die Geschichte, die ich erzählen will, hat einen Nicht-Ukrainer zum Hauptakteur; es ist der 1882 in Prag geborene und 1957 in Bad Ischl verstorbene Mathematiker und Schriftsteller Leo Perutz. Liebhaber historischer, aber auch zeitgenössischer Romane der Spitzenklasse kennen vor allem sein Standardwerk *Nachts unter der steinernen Brücke*. Die Stadt Wien erinnert an ihn mit dem seit einigen Jahren verliehenen Leo-Perutz-Krimi-Preis. Zu den Freunden des Autors zählten die Kollegen Alexander Lernet-Holenia und Hilde Spiel; Friedrich Torberg hat ihn mit einem seiner witzigsten Aussprüche einen »Fehltritt Franz Kafkas mit Agatha Christie« genannt.

Der Vorfall, der uns in die Ukraine führt, weist Leo Perutz als leidenschaftlichen Tierfreund aus und betrifft denn auch nicht einen der Charaktere in einem seiner Bücher, sondern ihn selbst und zwar zu der Zeit, da der 33-Jährige als Landsturm-Infanterist beim k. u. k. Infanterieregiment Nummer 88 in den Krieg zieht.

Perutz wird trotz seiner Kurzsichtigkeit für tauglich befunden und zum Militärdienst in Ungarn einberufen. Zunächst in der Garnison von Szolnok stationiert, wird seine Einheit am 21. März 1916 ins ukrainische Stryj verlegt, von wo aus es in anstrengenden Märschen in Richtung russische Front geht. Wäre mir nicht ein ähnlicher Fall aus dem Zweiten Weltkrieg berichtet worden (wo es dem Wiener Malerdichter Franz Hrastnik gelingen sollte, bei seinen Kriegseinsätzen in Frankreich stets seinen geliebten Dackel zur Seite zu haben), könnte ich kaum glauben, dass auch Leo Perutz mit seinem Hund in den Krieg zieht.

Auch, als er am 4. Juli 1916, mit seiner Kompanie nun unter direktem Feuer der russischen Artillerie, durch einen Brustschuss lebensgefährlich verwundet, von den Kameraden per Tragbahre zum Hilfsplatz seines Regiments transportiert, dort mit Morphium erstbehandelt und noch in derselben Nacht in der Divisions-Sanitätsanstalt operiert wird, weicht das gute Tier keinen Schritt von seiner Seite. Im Feldspital von Stryj folgt eine zweite, am 18. Juli noch eine weitere schwere Operation: Das verhängnisvolle Geschoss muss aus der Lunge, zwei durch den Einschuss zertrümmerte Rippen müssen aus dem Brustkorb entfernt werden.

Patient Perutz begnügt sich mit Lokalanästhesie, steht den lebensgefährlichen Eingriff ohne das leiseste Zucken durch. Nur einen einzigen Wunsch teilt er dem Operateur mit: Militärarzt Dr. Mischel möge dafür sorgen, dass sein Hund ans Krankenlager vorgelassen und dem aufgrund der miserablen Versorgungslage ausgemergelten Tier die soeben herausoperierten Rippen zum Fraß vorgesetzt werden. Ungeachtet des unter dem Personal des Feldspitals ausbrechenden Entsetzens wird dem makabren Wunsch des Patienten entsprochen: Der Hund wird herbeigeschafft. Als die Freudenskundgebungen des mit seinem Herrl wiedervereinten Tieres nachgelassen haben, wird dieses an seinen »Futterplatz« geführt. Und jetzt geht alles ganz rasch: Der Hund, vom übermäßigen Hunger schwer gezeichnet, beschnuppert die beiden aus dem Körper des Schwerverwundeten herausgeschnittenen Rippen und – weicht jäh zurück, sucht, sichtlich verstört, das Weite. Der sonst so gefasste Leo Perutz bricht in Tränen aus. Es sind Tränen unermesslicher Rührung:

Hundefreund Leo Perutz

Wie hatte er glauben können, das treue Tier würde sich am Fleisch seines eigenen Herrls vergreifen?

Es lässt sich heute nicht mehr eruieren, wer diesen Vorfall protokolliert hat und wie dieses ungewöhnliche Zeugnis in eines unserer Archive gelangt ist. Aber aus den Werken des großen Joseph Roth, der im etwa 167 Kilometer von Stryj entfernten Grenzstädtchen Brody geboren, aufgewachsen und zur Schule gegangen ist, sowie seines 46 Jahre älteren, aus Tschortkiw stammenden Landsmannes und Kollegen Karl Emil Franzos wissen wir, dass aus diesem von ruthenischen Bauern, Resten polnischen Adels, jüdischem Handelsvolk und habsburgischer Beamtenschaft geformten ethnischen Schmelztiegel einzigartige Zeugnisse für Leidensfähigkeit und Empathie überliefert sind, die – so oder so, mündlich oder schriftlich – ihren Niederschlag gefunden haben. So mag es sich auch mit der vorliegenden Episode verhalten haben.

Der »Vater« des Masochismus

Von Lemberg in die weite Welt

Gebürtig in Lemberg, der alten Hauptstadt des österreichischen Kronlandes Galizien, ist er seit seinem 17. Lebensjahr in Graz beheimatet: Der Vater ist als Polizeidirektor aus der Ukraine in die Steiermark versetzt worden. Leopold von Sacher-Masoch, Jahrgang 1836, setzt sein in Prag begonnenes Jus-Studium fort; erst dort hat der von Haus aus polnisch und ruthenisch Sprechende Deutsch gelernt. Mit 21 macht er den Doktor, nun etabliert er sich als Privatdozent für Neuere Geschichte an der Universität Graz.

Doch sein eigentliches Interesse gilt der Schriftstellerei: Aus den Erinnerungen an seine Kindheit im äußersten Osten des Habsburgerreiches schöpfend, bringt er *Galizische Geschichten* zu Papier, auch eine Biografie von Kaiserin Maria Theresias Staatskanzler Kaunitz ist unter seinen ersten Veröffentlichungen.

Da sich jedoch Unterhaltungsliteratur besser verkauft als Historisches, wendet sich unser Autor schon bald der Belletristik zu, und was an vielen seiner Novellen und Erzählungen, Sittengeschichten und »Zeitgemälden« sofort auffällt: Die Frauengestalten, die der Fantasie dieses Leopold von Sacher-Masoch entspringen, sind durchwegs rauer Natur, sind zwischen dominant und grausam angesiedelt, und wenn sie zu einem Mann in Beziehung treten, setzt es nicht selten Hiebe (die durchaus auch Peitschenhiebe sein können).

Umgekehrt zeichnet unser Dichter Männergestalten, denen diese Hiebe höchst willkommen sind, ja die sich ihren Partnerinnen lustvoll unterwerfen: Leopold von Sacher-Masoch wird zum Apologeten jener Perversion, die dereinst ihren Namen von dem seinen ableiten wird: des Masochismus.

Masoch ist der Mädchenname seiner von einem alten slawischen Adelsgeschlecht abstammenden Mutter; die väterliche Familie, die Sacher, sind spanischen (und weiter zurück arabischen) Ursprungs.

Dass Sacher-Masoch mit der sexuellen Orientierung, mit der er die männlichen Akteure seiner Erzählungen ausstattet, nicht allein dasteht, wird sich in späteren Jahren sogar auf den Inseratenseiten so mancher Zeitungen widerspiegeln, wo der eingeweihte Leser wieder und wieder auf Suchanzeigen wie die folgende trifft:

Herr, 33 Jahre alt, wünscht Dame kennenzulernen, die sich für die Werke Sacher-Masochs interessiert.

Oder – noch unverblümter:

Mittdreißiger, schwacher Charakter, sucht Ehe mit Dame von strengem, herrischem Wesen. Offerten erbeten an die Expedition dieser Zeitung.

Über chiffrierte Annoncen finden also Masochist und Sadistin zueinander (auch wenn es die beiden Begriffe vorderhand noch nicht gibt).

Eine, die den direkteren Weg wählt, Sacher-Masochs Grazer Anschrift ermittelt und mit ihrem Lieblingsautor in brieflichen Kontakt tritt, ist die in Baden bei Wien ansässige Hobbyschriftstellerin Fanny Pistor alias Baroness Bogdanoff. Da sie sich ziemlich sicher ist, die Neigungen der von Sacher-Masoch geschilderten »Helden« seien auch seine eigenen, redet sie nicht lange um den heißen Brei herum, und der Erfolg ihrer Initiative gibt ihr recht: Der Adressat, inzwischen ein Mann von 33, trifft sich mit der geheimnisvollen Fremden in Wien und geht mit ihr nicht nur eine stürmische Liaison ein, sondern schließt mit ihr sogar eine Art Vertrag ab, in dem die »Bedingungen« dieser Liaison bis ins Kleinste geregelt sind:

Herr Leopold von Sacher-Masoch erklärt sich ehrenwörtlich bereit, der Sklave von Frau Fanny Pistor zu werden und sich für die Dauer von sechs Monaten uneingeschränkt deren Befehlen zu unterwerfen. Der Herrin wird das Recht eingeräumt, ihren Sklaven in jeder erdenklichen Weise zu bestrafen.

Ort des verruchten Geschehens ist eine gemeinsame Wohnung in der Kohlmessergasse nahe dem Donaukanal, die man sich, 1945 bei den Bombenabwürfen auf Wien zerstört und im Zuge der Verbreiterung des Franz-Josefs-Kais endgültig von der Bildfläche verschwunden, etwa dort vorzustellen hat, wo heute Rabensteig und Rotenturmstraße aufeinandertreffen.

Im Jahr darauf – 1870 – geht Sacher-Masochs nächstes Buch in Druck: *Das Vermächtnis Kains*. Und Herzstück dieser amourösen Novellensammlung ist die Geschichte *Venus im Pelz*, in der der Autor sein Wiener Abenteuer mit eben jener Fanny Pistor in Literatur umsetzt. Der weiblichen Protagonistin gibt er den Namen Wanda von Dunajew, sich selbst verbirgt er hinter dem Nom de Plume Severin Kusiemski.

Auch, als er drei Jahre später wiederkehrt, um als Korrespondent mehrerer ausländischer Zeitungsblätter über die Wiener Weltausstellung von 1873 zu berichten, und bei dieser Gelegenheit eine Reihe »einschlägiger« Abenteuer absolviert, fließt mancherlei davon in ein neues Buch ein – es trägt den bezeichnenden Titel *Die Messalinen Wiens*.

Weitere Bände wie etwa *Falscher Hermelin*, *Ein weiblicher Sultan* oder *Die Schlange im Paradiese* folgen, und als Sacher-Masoch, nach längeren Aufenthalten in Bruck an der Mur und Budapest, sich schließlich in Deutschland niederlässt, ist er unter den Leserinnen und Lesern seiner Bücher ein für allemal als Spezialist für die Schilderung jener Art von Männern abgestempelt, für die es das höchste Glück (und wohl auch die einzig mögliche Spielart sexueller Erfüllung) bedeutet, von Frauen erniedrigt, misshandelt, ja ausgepeitscht zu werden.

Sklave aus Leidenschaft:
Leopold von Sacher–Masoch

Einer von Sacher-Masochs aufmerksamsten Lesern ist der vier Jahre jüngere, aus Mannheim stammende Neurologe und Psychiater Richard Freiherr von Krafft-Ebing, der – ebenso wie Ersterer – eine Zeit lang in Graz wirkt, jedoch 1889 nach Wien übersiedelt und dort die Leitung der Psychiatrisch-Neurologischen Universitätsklinik übernimmt. Sein Interesse ist freilich rein wissenschaftlicher Natur: Der vornehmlich auf Sexualforschung spezialisierte Vorgänger des aus Wels stammenden und mit dem Nobelpreis ausgezeichneten Psychiaters Julius Wagner von Jauregg widmet sich in einem Kapitel seines Hauptwerkes *Psychopathia sexualis* auch jener Perversion, für die ihm zunächst nur die umständliche Bezeichnung »Verbindung erduldeter Grausamkeit und Gewalttätigkeit mit Wollust« einfällt.

Erst in der 1890 erscheinenden sechsten Auflage des viel diskutierten Buches führt Krafft-Ebing, dem die Fachwelt übrigens auch die Begriffe »Zwangsvorstellung« und »Dämmerzustand« verdankt, einen eigenen Namen für das von ihm in zahlreichen Fallstudien dargestellte Phänomen ein, und er entlehnt ihn dem Namen jenes Mannes, der selber von ebendiesem Phänomen besessen ist: Leopold von Sacher-Masoch. Er nennt, was er bis dato wortreich umschrieben hat, »Masochismus«.

Für den unfreiwilligen Namensgeber, der zu dieser Zeit noch am Leben, nunmehr im hessischen Lindheim ansässig und unermüdlich als Verfasser weiterer Romane tätig ist, hat die Angelegenheit fatale Folgen:

Die Literaturkritik, die ihn schon zuvor der Produktion von Schmutz und Schund geziehen hat, stellt den inzwischen 54-Jährigen fortan vollends in den Schandwinkel. Und alle Proteste, die sowohl er wie seine Familie gegen den dreisten »Übergriff« erheben, prallen an Prof. Krafft-Ebings Widerstand ab; er schreibt:

Den Tadel, den einzelne Verehrer des Dichters und gewisse Kritiker meines Buches mir dafür zuteil werden ließen, dass ich den Namen eines geachteten Schriftstellers mit einer Perversion des Sexuallebens verquickte, muss ich zurückweisen. Als Mensch verliert Sacher-Masoch doch sicher nichts durch die Tatsache, dass er schuldlos mit einer Anomalie des sexuellen Fühlens behaftet ist.

Als Autor, so schränkt Krafft-Ebing allerdings ein, habe er dadurch »schwere Schädigung« erfahren.

Anders sieht das naturgemäß Sacher-Masochs Biograf Reinhard Federmann: Er nennt »seinen« Dichter einen der »Bahnbrecher des Naturalismus« und stellt ihn in eine Reihe mit Größen wie Emile Zola, Henrik Ibsen und August Strindberg. Ein Blick ins aktuelle »Verzeichnis lieferbarer Bücher« bestätigt denn auch, dass der vor immerhin 186 Jahren in Lemberg Geborene keineswegs nur in dem von seinem Namen abgeleiteten Begriff »Masochismus« fortlebt, sondern nach wie vor auch mit großen Teilen seines Werkes auf dem Markt präsent ist. Allein die *Venus im Pelz*, der wohl bekannteste Titel, ist in drei verschiedenen Ausgaben erhältlich; dazu kommen noch die vielen fremdsprachigen Übersetzungen. Leopold von Sacher-Masoch fehlt es also auch 127 Jahre nach seinem Tod nicht an Lesern. Und das können nicht nur lauter Masochisten sein.

In Czernowitz fing alles an

*Das tragische Schicksal des Gesangsstars
Joseph Schmidt*

Ein Lied geht um die Welt – der siebenstrophige Schlager aus der Feder des österreichischen Komponisten Hans May (1886–1958) ist eine Melodie, die – anders als der Großteil von dessen über dreißig Filmmusiken – die Zeiten überdauert hat. Alle großen Tenöre der Unterhaltungsindustrie haben ihn gesungen, selbst Opernstars wie Nicolai Gedda und Rudolf Schock. Aber berühmt gemacht hat ihn einer, dem aufgrund eines physischen Handicaps die verdiente Bühnenkarriere versagt geblieben ist: Joseph Schmidt. Der 1904 in Dawideny nahe Czernowitz im damaligen österreichischen Kronland Bukowina Geborene war nur 1,54 Meter groß. Doch umso triumphaler eroberte seine Jahrhundertstimme Radio und Film.

Entdeckt wurde sein überragendes Talent bereits im Teenageralter: als Vorsänger in der Synagoge von Czernowitz. Es folgten Studienjahre in Berlin, mit 25 sein Rundfunkdebüt. Und schließlich – am 9. Mai 1933 – der Durchbruch zum Welterfolg: Galapremiere des UFA-Films *Ein Lied geht um die Welt* (Regie: Richard Oswald, Musik: Hans May).

Dass der Uraufführung im Berliner UFA-Palast auch Joseph Goebbels beiwohnte, der Reichspropagandaminister in seiner Begeisterung sogar erwogen haben soll, den Juden Joseph Schmidt zum Ehrenarier zu ernennen, half dem 29-Jährigen wenig: Schon am Tag darauf ging auf dem Berliner Opernplatz und in zahlreichen anderen Städten des Großdeutschen Reichs die Bücherverbrennung der Nationalsozialisten in Szene, und der über Nacht verfemte und bald auch mit Auftrittsverbot belegte Joseph Schmidt, Sohn deutschsprachiger orthodoxer Juden, trat die Flucht vor dem braunen Terror an, bis ihn der auch in Wien, seinem neuen Wohnsitz für die folgenden fünf Jahre, einholte. Von der österreichischen Hauptstadt aus konnte er immerhin seine weiteren Konzertauftritte – etwa in Palästina und in der Carnegie Hall von New York – organisieren, er nahm etliche Schallplatten auf und drehte Filme wie *Ein Stern fällt vom Himmel* und *Heut ist der schönste Tag in meinem Leben.* Über seine »standesgemäße« Wiener Wohnadresse habe ich schon im Vorwort berichtet. Der Arenbergring im noblen Diplomatenviertel des dritten Bezirks war noch nicht durch die monströsen Flakbunker verschandelt, die Hitler während des Zweiten Weltkrieges im dazugehörigen Park errichten lassen würde.

Mit dem »Anschluss« Österreichs an das Großdeutsche Reich und der damit einhergehenden Judenverfolgung musste der inzwischen 34-jährige Joseph Schmidt ein weiteres Mal die Flucht antreten. Doch auf Dauer war er weder in Belgien noch in Südfrankreich vor der Gestapo sicher. Unter abenteuerlichen Umständen schaffte er es im Oktober 1942 in die Schweiz, erhielt jedoch auch dort keine Auftrittserlaubnis und landete in einem Internierungslager im

Joseph Schmidt (2. v. r.) im Kreise seiner Bewunderer

Kanton Zürich. Schwer erkrankt in ein nahe gelegenes Spital überstellt, von den behandelnden Ärzten jedoch als Simulant eingestuft, suchte er in seiner Not einen Pfandleiher auf und versetzte seinen letzten Wertgegenstand – jene goldene Taschenuhr, die er 1932 als beliebtester Rundfunkstar Berlins zum Geschenk erhalten hatte. Mit dem Erlös mietete er sich in einem Landgasthof ein, dessen Wirtin dem total Erschöpften ein Sofa »zum Ausruhen« zuwies. Er sollte es nicht mehr lebend verlassen: »Montag 16. November 1942, Schmidt, Joseph, 38 Jahre, 8 Monate, 12 Tage, staatenlos« lautet der Eintrag im amtlichen Sterberegister. Sein Grab, bis heute eines der meistbesuchten auf dem Zürcher Israelitischen Friedhof Unterer Friesenberg, trägt die Nummer 2331, ist mit den Lebensdaten und dem Davidstern versehen. Und mit der Inschrift »Ein Stern fällt vom Himmel«. Sie könnte ebenso gut »Ein Lied geht um die Welt« lauten.

Multikulti auf Bukowinisch

Das Lebenswerk der Pädagogin Eugenie Schwarzwald

Ob an ihrer Gründungsadresse Franziskanerplatz 5 oder an ihren späteren Standorten Wallnerstraße 2 beziehungsweise Herrengasse 9: Die Schwarzwaldschule zählt zwischen 1901 und der durch die Nationalsozialisten verfügten Liquidierung im Frühjahr 1938 zu den renommiertesten Bildungsstätten Wiens. Die Frauenrechtlerin Käthe Leichter nennt sie »die Nobelschule der jüdischen Bourgeoisie«, und der Dichter Robert Musil zeigt sich von der Persönlichkeit der Direktrice, Dr. Eugenie Schwarzwald, so beeindruckt, dass er ihr unter dem Kunstnamen Ermelinda Tuzzi in seinem Roman *Der Mann ohne Eigenschaften* gar ein Denkmal setzt.

Unter den Absolventen, die aus der Schwarzwaldschule hervorgehen, sind eine ganze Reihe späterer Berühmtheiten – so die Schriftstellerinnen Vicki Baum, Alice Herdan-Zuckmayer und Hilde Spiel, die Schauspielerinnen Elisabeth Neumann-Viertel und Helene Weigel-Brecht, die Psychoanalytikerin Sophie Freud.

Noch imposanter liest sich die Liste der prominenten Künstler und Gelehrten, die die »Fraudoktor« (wie Eugenie Schwarzwald von ihren Verehrern tituliert wird) für kürzer oder länger als Vortragende an ihr Institut zu binden weiß: die Komponisten Arnold Schönberg und Egon Wellesz, der Architekt Adolf

Loos, die Tänzerin Grete Wiesenthal, der Staatsrecht-
ler und Schöpfer der österreichischen Bundesverfas-
sung Hans Kelsen oder der Maler Oskar Kokoschka,
der vorübergehend den Zeichenunterricht übernimmt.

Auch der junge Elias Canetti wird zu einer Vor-
lesung in die Schwarzwaldschule eingeladen. Der
29-Jährige, der vor drei Jahren die Buchfassung seines
Dramas *Hochzeit* veröffentlicht hat und momentan an
seinem Roman *Die Blendung* arbeitet, wird sich noch
ein halbes Jahrhundert später – in seinem autobiografischen Werk *Das Augenspiel* – an jenen 17. April 1935
erinnern, da er vor die Gymnasiastinnen der Schwarzwaldschule tritt und sie in seine Arbeit einführt.
Interessanterweise ist es jedoch nicht die Person der
Schulleiterin, die auf den jungen Dichter den stärks-
ten Eindruck macht, sondern deren rechte Hand: die
Sekretärin Marie Stiasny. Während Canetti für die
legendäre »Fraudoktor« nichts als Spott und Hohn
übrig hat und die 33 Jahre Ältere als »überaus redse-
lige Pädagogin«, ja als »Schwätzerin« abqualifiziert,
fühlt er sich umso mehr zu der »wunderbaren Mariedl
Stiasny« hingezogen, »die buchstäblich alles tat, was
administrativ für Schule, Schülerinnen und Haushalt zu tun war«. Er rühmt sie als »schöne, rasche und
gescheite Frau«, als »hellen Menschen, deren Lachen
die Lebensluft aller war, die hier lebten oder nur aus
und ein gingen«.

Doch zurück zur »Chefin«. Eugenie Nußbaum – so
ihr Mädchenname – kommt am 4. Juli 1872 in Polu-
panowka, einer kleinen Ortschaft im äußersten Süd-

osten der österreichischen Monarchie nahe der ukrainisch-rumänischen Grenze, zur Welt und wächst im multikulturellen Milieu der bukowinischen Hauptstadt Czernowitz auf (aus der unter anderem auch der 48 Jahre jüngere Paul Celan stammt). Mit 22 geht sie zum Germanistikstudium nach Zürich; die dortige Universität ist zu dieser Zeit die einzige, die auch weibliche Hörer aufnimmt.

Nach der Promotion übersiedelt sie nach Wien und übernimmt die Direktion des Lyzeums am Franziskanerplatz, das sie Zug um Zug nach ihren Vorstellungen umgestaltet: »Schöpferische Erziehung« – so lautet das Programm. Die Lehrkräfte sollen keine Peiniger verängstigter Kinder, sondern deren Verbündete sein. Auch Turnen, gemeinsames Spazieren sowie Theater- und Konzertbesuche erhalten ihren festen Platz im Lehrplan.

Noch in ihrem ersten Wiener Jahr heiratet Eugenie: Dr. Hermann Schwarzwald, ebenso wie sie einem jüdischen Elternhaus entstammend, ist Jurist. Als Sektionschef im Finanzministerium steht ihm eine eigene Sekretärin zu – es ist Marie Stiasny aus Pötzleinsdorf, eine ebenso geistreiche wie elegante Person, deren patentes Wesen und selbstständiges Denken sie sehr bald als die ideale Ergänzung von Schwarzwalds Gattin Eugenie in der Leitung der von ihr gegründeten Schule erscheinen lassen. Marie wechselt also aus der Amtsstube des Ministeriums in die Kanzlei der Schwarzwaldschule und wird »Fraudoktors« rechte Hand.

Als die Schwarzwalds 1908 ihr neues Domizil im achten Bezirk, einen geräumigen Pavillon im Gartenbereich des Hauses Josefstädter Straße 68, beziehen, schließt sich Marie Stiasny dem Ehepaar an – eine »ménage à trois« mit klar verteilten Rollen: Marie wird die Geliebte des Hausherrn. »Fraudoktor«, eher dem eigenen Geschlecht zugeneigt, pflegt ihre diversen Frauenfreundschaften.

Auch hier, im privaten Umkreis, wachsen Marie Stiasny eine Fülle von Aufgaben zu – vor allem, seitdem der »Salon« in der Josefstadt zu einem Zentrum geistig-künstlerischer Geselligkeit geworden ist, dessen Protagonisten umsorgt sein wollen. Adolf Loos, der sowohl die Schulräume in der Herrengasse wie die Wohnung in der Josefstädter Straße eingerichtet hat, erscheint an der Seite seiner Frau, der Tänzerin Elsie Altmann. Graf Richard Coudenhove-Kalergi und die Schauspielerin Ida Roland sind ein weiteres Paar, das bei den Schwarzwalds ein und aus geht. Auch die Schriftsteller Egon Friedell, Carl Zuckmayer und Jakob Wassermann tragen sich im Gästebuch ein. Der Umgang untereinander ist betont informell, man bildet eine Art urbaner Großfamilie, im Hintergrund werken Köchin und Dienstmädchen. Damit das »produktive Chaos« im Salon Schwarzwald nicht total ausartet, sieht Hausdame Marie Stiasny unauffällig nach dem Rechten.

Der ruhende Pol ist sie auch, als sich Eugenie Schwarzwald zu Beginn des Ersten Weltkrieges neben ihrer Schultätigkeit einer weiteren kraftraubenden

»Schöpferische Erziehung«:
Dr. Eugenie Schwarzwald

Aufgabe zuwendet: Sie gründet Gemeinschaftsküchen für Notleidende, organisiert Hilfsprogramme für Flüchtlinge und errichtet unter der Devise »Wiener Kinder aufs Land« Erholungsheime in Niederösterreich und im Salzkammergut, in Thüringen und im heutigen Slowenien.

Auch nach Kriegsende gehen Eugenie Schwarzwald, die sich von ihren Freunden *Genia* rufen lässt, die Ideen nicht aus: Das 1920 am Grundlsee installierte Ferienheim »Seeblick« wird – auf Selbstkostenbasis – zu einem illustren Treffpunkt Erholung suchender Künstlerprominenz, und auch hier ist Marie Stiasny der gute Hausgeist. Sie umsorgt die Schriftsteller Felix Braun und Egon Friedell sowie den Komponisten Josef Matthias Hauer. Aus Deutschland reisen die Bildhauerin Käthe Kollwitz, der Pädagoge Gustav Wyneken und der Dichter Arno Holz an. Es gibt Kostümfeste, Ausdruckstanz und hypnotische Séancen. An manchen Tagen herrscht eine solche Betriebsamkeit, dass ein übermütiger Carl Zuckmayer den Spottnamen »Erschöpfungsheim« prägt.

Haben sich die Schwarzwalds schon während der Ständestaat-Ära mit mancherlei Widerständen herumzuschlagen, so beschert ihnen der »Anschluss« an Hitler-Deutschland im März 1938 vollends das unwiderrufliche Aus. Von einer Vortragsreise nach Dänemark, wo sie sich nebenbei einer Krebsoperation unterziehen muss, kehrt die inzwischen 65-jährige »Fraudoktor« nicht mehr nach Wien zurück. Marie Stiasny versucht unterdessen, das Vermögen der über

Nacht heimatlos Gewordenen zu retten, und beschafft die Ausreisepapiere für sich und den von ihr betreuten Hermann Schwarzwald. Das Domizil in der Josefstädter Straße hat man schon im Februar aufgegeben, bei Marie Stiasnys Verwandten in Pötzleinsdorf findet man fürs Erste Unterschlupf.

Im September 1938 sind die Eheleute Schwarzwald und deren treue Gefährtin endlich wieder vereint – in Zürich. Die langjährige Freundin Dorothy Thompson, erfolgreiche US-Journalistin und Gattin des nobelpreisgekrönten Schriftstellers Sinclair Lewis, hilft mit Geldsendungen aus und rät im Übrigen zur Emigration in die USA, wo sie Eugenie Schwarzwald eine Stelle als »Lecturer« an der New Yorker New School for Social Research verschaffen will (und Marie Stiasny einen Job als deren Sekretärin). Doch nichts davon kommt mehr zustande: Am 17. August 1939 stirbt Hermann Schwarzwald an Herzversagen, im Jahr darauf erliegt die schon seit Längerem schwer kranke Eugenie ihrem Krebsleiden.

Ohne Firnis

Zu Besuch bei Paul Celans
Witwe Gisèle Lestrange, 1980

Nach dem tragisch frühen Tod Paul Celans – der Dichter hat sich am 20. April 1970, sieben Monate vor seinem fünfzigsten Geburtstag, in Paris in selbstmörderischer Absicht in die Seine gestürzt – haben sich Literaturfreunde aus aller Welt auf den Weg gemacht, um in Celans Geburtsheimat Bukowina nach Spuren seiner Kindheit zu suchen, und da unter diesen so manche hochprofessionelle Kenner und namhafte Publizisten waren, die über ihre Recherchen Berichte verfasst, ja zum Teil ganze Bücher geschrieben haben, weiß man heute sehr genau, wo und wie sich die frühen Jahre dieses Ausnahmekünstlers aus Mitteleuropas Südosten abgespielt haben. Man kennt das Haus in der Czernowitzer Wassilkogasse, wo der Sohn deutschsprachiger Juden zur Welt gekommen ist, man weiß, welche Schulen er besucht hat, wie seine Eltern im Zuge der NS-Judenverfolgung zu Tode gekommen sind, wie er selbst Ghetto, Zwangsarbeit und Flucht durchlitten, aber auch, welche ersten Gehversuche als Schriftsteller er unternommen hat.

Erst recht sind alle weiteren Lebensstationen des begnadeten Lyrikers präzise dokumentiert: Bukarest, Wien und schließlich Paris, wo Paul sich ab 1948 eine Existenz als Autor, Übersetzer und Literaturdozent aufzubauen versucht. Mit seinem ukrainischen Geburtsort Czernowitz verbinden den Hochsensiblen nun nur noch die schmerzlichsten Erinnerungen und ganz besonders das schier unerträgliche Schuldgefühl, seinerzeit nicht genug für das Überleben seiner Eltern getan, Leo und Friederike Antschel (so ihr »richtiger« Familienname) in ihrem Elend im Stich gelassen zu haben.

Dies alles ist, wie gesagt, bekannt. Was also bleibt da noch für einen Spurensucher wie mich zu tun, der 1976 mit seinen Reisen an die *Schauplätze der Weltliteratur* (so der Titel eines meiner ersten Bücher) an die Öffentlichkeit getreten ist? Vielleicht – so war mein Gedanke im Frühjahr 1980 – könnte ein Treffen mit Paul Celans Witwe Gisèle weiteren Aufschluss über das so unendlich schwierige Leben dieses bedeutenden Dichters bringen?

Gisèle Lestrange, 1927 in Paris geboren, Grafikerin von Rang und Namen, hat zu Weihnachten 1952 den sieben Jahre Älteren geheiratet. Man wohnt in der Rue de Longchamp, einer proletarischen Enklave im großbürgerlichen Trocadéro-Viertel. Als Sohn Eric zur Welt kommt, wird es in der gemeinsamen Behausung eng, an die Aufstellung einer eigenen Druckpresse ist nicht zu denken, Gisèle geht zweimal die Woche außer Haus in ein Atelier arbeiten, der Dichter übernimmt an diesen Tagen die Aufsicht über das Kind.

1955 stellt sie zum ersten Mal aus, zehn Jahre später entsteht die erste gemeinsame Arbeit: *Atemkristall*. 21 Gedichte und acht Radierungen. »Signées par

*Paul Celan bei einer der ersten
Grafikausstellungen seiner Frau*

l'auteur et l'artiste«. Das Experiment wird wiederholt, diesmal mit dem Zyklus *Schwarzmaut*. Weiteres folgt, auch Einzelblätter: links die Handschrift des Dichters, rechts die seiner Frau. Vieles davon ist ihr gewidmet: »Für Gisèle«. Eines, zu Weihnachten an die Freunde verteilt, heißt *Schlafbrocken*. Schlafbrocken? Sprachgitter? Zeitgehöft? Obwohl im Haus im Allgemeinen französisch gesprochen wird, hat die Künstlerin gelernt, mit der extravaganten Wortartistik des Dichters an ihrer Seite umzugehen: Der Deutschunterricht, den er ihr erteilt, orientiert sich an der eigenen Arbeit. »Deutschunterricht in Form von Celan-Gedichten« wird sie es später, im Gespräch mit mir, nennen, und dieser einsam hohe Rang erklärt es wohl, dass sie selbst bei noch so komplizierten Formulierungen in der fremden Sprache kaum irgendwelche Probleme hat. Auch heute, wo nun schon lange kein Paul Celan mehr um sie ist.

Ich frage sie nach den Prämissen der gemeinsamen Arbeit, locke sie mit bewusster Vereinfachung aus der Reserve: Hat sie seine Texte illustriert, er ihre Illustrationen getextet? Oder war es ganz anders? Also wie?

»Die Gedichte gehören ganz sich selbst«, antwortet sie, »und das Gleiche gilt wohl auch für die Radierungen.« In schönen, ruhigen Sätzen, in denen kein Platz ist für Aufgeblasenheit oder Sentimentalität, formuliert Gisèle Celan-Lestrange den eigenen Anteil am gemeinsamen Werk: »... seine Gedichte zu begleiten, um mit ihnen zu sein.« Celans Horror vorm Anekdotischen ist auch ihr Horror – das beider Arbeit

Gemeinsame kann immer nur eine Art geistiges Klima sein.

Und Austausch im Sprachlichen?

Natürlich, das schon. Und zwar in beiden Richtungen: »Alle Titel meiner Blätter, die zu seinen Lebzeiten entstanden sind, stammen von ihm, die deutschen wie die französischen.«

Ohne Kompass, *Wandernde Zeichen*, *Algenherz* und *Geburt. Schlafzellen*, *Versprengung*, *Trostverwaist*.

So lebt Paul Celan nicht nur in seinen Gedichten fort, sondern auch in ihren Bildern.

Umgekehrt ist aus ihren Bildern manches in seine Gedichte hinübergeflossen – aus ihren Bildern und aus ihrer Arbeit an ihnen. Sie erklärt es mir an zwei konkreten Beispielen aus ihrem Werkstattvokabular: »ätzen« und »wegbeizen«. Der Berufsalltag der Grafikerin, der unter der Hand zum Sprachmaterial des Dichters wird.

So hat einer vom anderen angenommen, gelernt.

Meine Begegnung mit Gisèle Celan-Lestrange kommt nicht ohne Mühe zustande. Eine Vertraute in Wien stellt die Verbindung her – es werde nicht leicht sein; mit Verstörtheiten, auch Enttäuschtheiten sei zu rechnen. Zunächst aber ist ihre Rückkehr nach Frankreich abzuwarten, in Israel lebt noch ein letzter Rest an Antschel-Verwandtschaft, nur einige wenige sind dem KZ-Tod entronnen, bei ihnen weilt die Witwe des Dichters, dem christlichen Milieu des Elternhauses längst entfremdet, momentan zu Besuch.

Nach der Rückkehr hält sie sich nur ganz kurz in Paris auf, meine Anrufe im Atelier bleiben ohne Antwort. Ich will schon aufgeben, da meldet sich die Stimme der Concierge. Mercedes sieht in den Räumen in der Rue Montorgueil nach dem Rechten, im harten Französisch der gebürtigen Spanierin gibt sie mir Adresse und Telefonanschluss des Landsitzes bekannt. Moisville in der Normandie, das alte Bauernhaus, das sich die Celans für die Stunden der Stadtflucht ausgesucht haben, viele seiner Verse sind hier entstanden, viele ihrer Bilder.

Ich bekomme Gisèle Celan-Lestrange an den Apparat, nach und nach fallen Reserviertheit und Misstrauen von ihr ab, wir vereinbaren ein Treffen in ihrem Pariser Atelier – nächsten Sonntag um elf.

Die Rue Montorgueil, Métro-Station Les Halles, ist ein auch am Sonntagvormittag von Leben sprühender Kleinmarkt: Die Läden der Fleischer und Käsehändler, der Gemüsefrauen und Pastetenbäcker öffnen sich zur Straße hin, Demonstranten aus dem nahen Marais-Viertel, einst Ghetto des jüdischen Kleinbürgertums von Paris, verteilen ihre Flugblätter, ein blinder Straßensänger tremoliert im Gehen, der Sohn hält ihm das Mikrofon vor den Mund. Wenn vor einer der Käuferschlangen, die beim Bäcker um ihre Stange Weißbrot anstehen, ein Jüngling von Mitte zwanzig Aufstellung nähme und Zauberkunststücke vollführte, könnte es leicht der junge Celan sein: Eric, so höre ich, hat die Zirkusschule hinter sich; Flaschen, Bälle, Fingerhüte sind seine Requisiten; jetzt ist er, zusammen mit einem Kumpan, auf dem Weg nach Marokko, um auch noch das Akrobatenhandwerk zu erlernen. »Dies ist seine Art, Dichter zu sein ...«, sagt die Mutter, und wieder bewundere ich nicht nur die schönen Worte in der ihr fremden Sprache, die sie dafür findet, sondern auch ihr heiteres Einverständnis mit den ungewöhnlichen Berufswünschen des Sohnes.

Nummer 45 ist eines der stattlicheren Mietshäuser der Rue Montorgueil, breites Eingangstor, am Fuß der Treppe die Übersicht über die Hausparteien, mittendrin der Name Celan: Appartement 3 g. Ich gehe die zwei Stock hinauf und läute: Nichts rührt sich. Mein Blick fällt auf eine Wandkritzelei neben dem Klingelknopf: »Je suis un genre de loup solitaire ...« Hat sich's die einsame Wölfin am Ende anders überlegt? Verzagtheit erfasst mich, Reue über mein voreiliges Triumphieren. Da höre ich Schritte aus dem Stiegenhaus, Gisèle Celan-Lestrange war nur Zigaretten holen, die geliebten grünen Gauloises, ein nervöses »Je suis désolée ...«.

Ich wehre ihre Entschuldigung ab, nehme alles auf mich, auf mich und meine zwanghafte Pünktlichkeit, und sage Dank, dass ich hier sein darf – hier in diesem schönen, hellen Atelier, zwischen Bücherwänden und Grafikmappen, zwischen Arbeitstischen und Druckpressen und dem Bild des Dichters Paul Celan.

»Ganz Dame – aber ohne Firnis«, hat einer der Celan-Kenner, mit dem ich mich am Abend vorher treffe, die Künstlerin charakterisiert. Professor Lenz-Medoc, emeritierter Sorbonne-Lehrer, Germanist und

Zentralfigur des katholischen NS-Widerstandes in Paris, kennt Gisèle Celan-Lestrange noch aus der Zeit, da sie an der Universität gearbeitet hat: »Eine Künstlerin von Rang. Und ein ausgesprochen unabhängiger Mensch.«

Will er damit etwas über die Beziehung der beiden sagen?

Den Celan-Brief, den er in seinem Privatarchiv verwahrt, lässt er mich nicht lesen: »Er ist von solcher Bitternis – ich glaube, ich täte besser daran, ihn zu vernichten.« Und dann, nach einer Nachdenkpause: »Aber etwas anderes sollten Sie schreiben, es ist viel zu wenig bekannt: Paul Celan war für den Orden *Pour le Mérite* vorgesehen, es war beschlossene Sache.«

Er sagt es, wie wenn das etwas am Ablauf der Dinge hätte ändern können. Hätte es wirklich?

Gisèle Celan-Lestrange. Ich nehme zunächst vor allem ihre strenge Schönheit wahr, ihre dunkle Stimme. Sodann den großen Ernst, die starke innere Spannung, die mit einer ebenso starken äußeren Ausstrahlung korrespondiert. Nichts von Halbheit, Geziertheit. Diese Frau ist wie ihre Bilder: elementar. Ich brauche zu keinem ausufernden Interview auszuholen, keine quälenden Fragen zu stellen, keine alten Wunden aufzureißen: Die Antworten – sie liegen alle bereits vor. Mit der Radiernadel in die Kupferplatte geritzt.

Findlinge, Sterne,
schwarz und voll Sprache: benannt
nach zerschwiegenem Schwur.

Ob ich die Arbeiten betrachte, die halbfertig in ihrer Werkstatt bereitliegen, oder mir in ihrer Stammgalerie in der Rue de l'Abbaye Bewährtes vorlegen lasse: Der zerschwiegene Schwur – er wirkt fort. Es bedürfte weder der Bücherstöße ringsum noch der Celan-Porträts an der Wand, weder der freudigen Hinweise auf geglückte französische Übersetzungsversuche und mehrstündige Radiosendungen im Programm *France Culture* noch der Abwehr übereilter Nachlass- oder Briefveröffentlichung, um zu erkennen, dass Paul Celans Œuvre bei der Frau, die 18 Jahre seines Lebens, 18 von fünfzig, mit ihm geteilt hat, in den denkbar besten Händen ist – und nicht etwa als Anhängsel ihres eigenen künstlerischen Bemühens, sondern als dessen Widerpart, dessen Motor, dessen Teil.

Kafkas Lehrer

Der Kriminologe Hanns Gross

Freunde von mir, Vater und soeben »maturierter« Sohn, waren von einer elfmonatigen Weltreise zurückgekehrt und standen uns Daheimgebliebenen einen Abend lang Rede und Antwort über ihre Erlebnisse in fünf Erdteilen. Was ihnen dabei besonderen Genuss zu bereiten schien, war der Test, mit dem sie uns traktierten: Sie wollten hören, was – unserer Ansicht nach – den Menschen draußen in der Welt zu dem Begriff »Österreich« einfällt. Vier Namen, so lautete die Vorgabe, stünden zur Wahl.

Das Ergebnis der Befragung war niederschmetternd. Nur ein einziger unserer Tipps traf ins Schwarze: Johann Strauss. Mit sämtlichen anderen Antworten lagen wir schief. Und welche wären die richtigen gewesen? Sie werden es nicht für möglich halten: Red Bull, DJ-Ötzi und Kommissar Rex.

Besonders Letzterer sorgte für allgemeine Verblüffung: Der vor dem Hintergrund Wiens agierende Fernsehhund – ein Weltstar? Höchste Zeit also, nicht nur die Globalisierung der elektronischen Medien unter die Lupe zu nehmen, sondern auch die Geschichte des Polizeihundes aufzurollen. Und wo landen wir da? Im alten Österreich. In Czernowitz.

Einer der Ersten, die sich für die Verwendung des Schäferhundes bei Verbrechensaufklärung und Täterfestnahme starkmachen, ist der aus Graz stammende Kriminologe Hanns Gross, der in seinem 1894 erschienenen *Lehrbuch für den Ausforschungsdienst der k. k. Gendarmerie* der besonderen Eignung des Polizeihundes ein Kapitel einräumt.

Er ist auch sonst ein Pionier des zu seiner Zeit jungen Lehrfaches Kriminalwissenschaft – dieser am 26. Dezember 1847 als Sohn eines steiermärkischen Strafrichters geborene Hanns Gross, der, von Benediktinermönchen des Stiftes Admont unterrichtet, am I. Staatsgymnasium in Graz die Reifeprüfung ablegt, nach dem Studium der Rechte zunächst als Untersuchungsrichter in Leoben wirkt, dann zum Staatsanwalt und Senatsvorsitzenden am Grazer Appellationsgericht aufsteigt und schließlich die Hochschullaufbahn einschlägt – als Professor für Straf- und Strafprozessrecht an der k. k. Franz-Josephs-Universität von Czernowitz.

Eigentlich will sich der Endvierziger an der Rechts- und Staatswissenschaftlichen Fakultät der Universität seiner Heimatstadt Graz habilitieren, doch sowohl Ministerium wie Professorenkollegium lehnen sein Gesuch ab.

Da ist es ein Glück für den strebsamen Steirer, dass in Österreichs »fernem Osten«, an der 1875 gegründeten Universität von Czernowitz, der betreffende Posten frei ist. Hier zu wirken, hat gewiss auch mancherlei »exotische« Reize.

Das Czernowitz jener Jahre gilt als Musterbeispiel gelungener Kohabitation unterschiedlichster Ethnien und Religionen. Fast könnte man von einem »Klein-Europa« sprechen, das sich hier zusammenfindet – bei aller Vielfalt vereint durch die gemeinsame Amtssprache Deutsch. Unter den an der Universität Immatrikulierten finden sich neben Ukrainern (die damals noch überwiegend als Ruthenen »firmieren«) Rumänen, Moldauer, Polen, Siebenbürger Sachsen, Deutsche und vor allem Juden, die auch ein Drittel der allgemeinen Bevölkerung stellen.

Sitz der Universität und zugleich der prunkvollste Offizialbau der Stadt ist der ehemalige Palast der orthodoxen Metropoliten. Für dessen Bau, ein grandioser Mix aus maurischen, byzantinischen, jüdischen und gotischen Elementen, wurden solche Mengen an Backsteinen und Dachziegeln gebraucht, dass sich die Gründung dreier einschlägiger Fabriken im Ort auszahlte. Kein Wunder, dass es die Universität von Czernowitz im Jahr 2011 auf die Liste des UNESCO-Welterbes schaffen wird. Überragend auch die allgemeine Lebensqualität der Stadt zu Monarchiezeiten: Eine Straßenbahn wird in Betrieb genommen, das Architektenduo Fellner & Helmer liefert den standesgemäßen Theaterbau, in den florierenden Kaffeehäusern liegen nicht nur die Wiener *Neue Freie Presse*, sondern auch wichtige fremdsprachige Journale auf.

Als Hanns Gross am 16. Dezember 1898 seinen Dienst in Czernowitz antritt, ist die dortige Universität 23 Jahre alt, deren Start also manchen seiner Kollegen noch in lebhafter Erinnerung. Welch ein Spektakel! Gerade im Schoße dieser Alma Mater darf man sich dem Machtzentrum Wien nahe fühlen, ist doch ihre Gründung nicht nur mit dem 100-Jahr-Jubiläum der Zugehörigkeit der Bukowina zur Habsburgermonarchie zusammengelegt worden, sondern ausdrücklich auch mit der Feier von Kaiser Franz Josephs Namenstag.

Tatsächlich läuft es mit Professor Gross' Karriere vorzüglich: Seiner Ernennung zum Ordinarius folgt zwei Jahre darauf auch die Berufung auf den Dekanatssessel.

Und was kann man bei dem neuen Herrn Professor lernen? Während das *kleine* Einmaleins, das er seinen Studenten mit auf den Weg gibt, die »sieben goldenen W« der Verbrechensaufklärung sind (wer, was, wo, womit, warum, wie und wann), ist sein *großes* Einmaleins ein zwei Kilo schwerer Wälzer von 450 Seiten: Hanns Gross' in fast alle Kultursprachen übersetztes *Handbuch für Untersuchungsrichter*. Sogar Sigmund Freud, dieser allerdings ablehnend, setzt sich mit den Thesen des neun Jahre Älteren gründlich auseinander, und der belgische Krimi-Autor Georges Simenon wird Jahrzehnte später seinem Kommissar Maigret in einer der Passagen seines vielbändigen Werkes die Frage in den Mund legen: »Haben Sie Hanns Gross gelesen?«

Ja, er ist eine Kapazität, an der keiner, der sich von Berufs wegen mit Verbrechensaufklärung und Täterpsychologie beschäftigt, vorbeikommt. Von der »Vernehmung« über die »Aufnahme des Augenscheines« bis zur »Hinzuziehung der Sachverständigen« lässt Gross

Schrecken aller Rechtsbrecher:
Prof. Hanns Gross

in seinem Standardwerk über Anforderungsprofil und Praxis des Untersuchungsrichters keinen wichtigen Bereich aus, und in seiner 1901 folgenden *Encyclopädie der Kriminalistik* geht er vollends ins Detail.

So lesen wir unter dem Stichwort »Dienstboten«: »Niemand wird so häufig ungerecht des Diebstahls beschuldigt wie Dienstboten. Gleichwohl stehlen sie genug. In der Regel nehmen sie zwar nur kleine Beträge und Gegenstände, dafür aber oft.«

Auch in technischen Belangen kennt sich Gross aus; zum Thema Geldschrankknacken schreibt er: »Vorerst wird mit den besten Drillbohrern ein winziges Loch angebracht, in welches sodann mit Hilfe eines langen Querschlüssels eine kegelförmige Stahlschraube eingetrieben wird. Ist das Loch groß genug, wird ein Kreisbohrer mit Kurbelgetriebe angebracht, wodurch das Loch so groß wird, dass ein Brecheisen von Meterlänge angesetzt werden kann. Nun geht die Arbeit weiter wie bei einer Sardinenbüchse ...«

Was die Zuverlässigkeit von Zeugen betrifft, so warnt Gross seine Berufskollegen vor allem vor den »Gastwirten vom Lande«: »Ihre Aussagen lauten gewöhnlich dahin, sie seien gerade mit dem Bedienen eines Gastes oder mit der Entgegennahme einer Zahlung beschäftigt gewesen und hätten daher von den Vorfällen keine Kenntnis. In den meisten Fällen ist das nicht wahr; der Wirt will nur nichts gesehen haben, um es sich mit niemandem zu verderben oder weil er die Rache des Beschuldigten und seiner Sippe fürchtet.«

Kurios auch, welche Rolle er bei Eigentumsdelikten Gott Amor zuschreibt: »Der Bauernknecht stiehlt Weizen und der Holzfäller wird zum Wilddieb, um seine Braut heimführen zu können oder das Erbeutete mit Dirnen zu verprassen. Der Mädchen wegen entstehen die meisten Raufereien auf dem Tanzboden, und das sicherste Versteck für Geraubtes ist bei einer unschuldig aussehenden Frau, wie denn auch das Fliehen und Verbergen von Verbrechern meistens mit Hilfe von Frauen geschieht.«

Ganz in seinem Element ist unser Autor, wenn er das Instrumentarium aufzählt, mit dem der perfekte Untersuchungsrichter ausgerüstet zu sein hat. Da fehlt weder die »aus gutem Leder oder Segeltuch« angefertigte wasserdichte und absperrbare »Kommissionstasche« noch der »Skizzierblock mit Millimetereinteilung«, weder die »Geländekarte in durchsichtiger Allwetterhülle« noch die »Blechschachtel mit sturmsicheren Zündhölzern«, Glasschneider, Sperrhaken und Gummihandschuhe, Taschenlampe, Taschenmesser und Taschenapotheke, daktyloskopische Utensilien zur »Sicherstellung von Finger- und Fußspuren« sowie – nicht zu vergessen! – »eine verlässliche Verteidigungswaffe«. Sogar zum Mitführen von Süßigkeiten rät er: »Kinder am Lande, die wichtige Aussagen machen können, verkriechen sich häufig aus Scheu und beginnen zu weinen, wenn man sie hervorholt. Hier tut ein Bonbon gute Wirkung. Aus einem heulenden Kind wird durch dieses einfache Mittel oft ein tapfer erzählender verständiger Zeuge.«

Natürlich ist der 1847 geborene Hanns Gross in puncto Verbrechensbekämpfung und Täterabstrafung ein Kind seiner Zeit, und diese Zeit ist geprägt von autoritärer Strenge und inhumanem Strafvollzug: Der »unverbesserliche« Rechtsbrecher sei unschädlich zu machen, indem er deportiert und auf Lebensdauer in »fernen Kolonien« festgehalten werde. Noch weiter geht Gross' Freund und Kollege Robert Heindl, der den Sträfling zum Roden von Urwäldern, zum Austrocknen von Sümpfen und zum Wegebau heranzuziehen empfiehlt und bei besonderer Häufung schwerer Fälle auf eine von ihm entwickelte Maschine verweist, die imstande sei, auch jede noch so große Zahl zum Tode Verurteilter in einem »Arbeitsgang« zu enthaupten.

Da ist es nur *einen* Schritt weit zu jenem ausgeklügelten Folterinstrumentarium, dessen Handhabung der Dichter Franz Kafka in seiner 1919 erschienenen Erzählung *In der Strafkolonie* anprangert. Und tatsächlich ist es kein Zufall, dass die Lehren des Kriminologen Hanns Gross durch Kafka – wenn auch unter umgekehrtem Vorzeichen – in die Horrorvision eines Strafvollzugs Eingang finden, die auf gespenstische Weise die Barbarei späterer Terrorsysteme vorwegnimmt: Franz Kafka hat während seines Jus-Studiums in Prag an den Vorlesungen ebenjenes Strafrechtlers Hanns Gross teilgenommen, der nach seiner dreieinhalbjährigen Tätigkeit in Czernowitz 1902 nach Prag berufen wird und auch dort bis zum Dekan aufsteigt.

Im Juli 1901 legt der soeben 18 Jahre alt gewordene Kafka die Reifeprüfung ab, im November nimmt er sein Studium an der Prager Deutschen Universität auf. Dass er sich für die Jurisprudenz entscheidet, ist ganz in Vater Kafkas Sinne: Das eröffnet Chancen für eine Anstellung in der Verwaltung, in der Industrie, im Bankwesen oder bei der Post. Zu den obligatorischen Vorlesungen über Zivil-, Handels- und Verwaltungsrecht, Rechtsphilosophie und Statistik kommen im fünften, sechsten und siebenten Semester 16 Wochenstunden Strafrecht hinzu – mit Prof. Gross hinterm Katheder.

Kafka ist ein unkonzentrierter Zuhörer: Die Zeichenskizzen, die er während der Lehrveranstaltungen auf die Ränder seiner Skripten kritzelt, verraten, dass er mit seinen Gedanken meistens ganz woanders ist. In den ausgemergelten Figuren, die stark an die Plastiken des Schweizer Bildhauers Alberto Giacometti erinnern, kündigen sich bereits jene albtraumhaften Visionen an, aus denen in späteren Jahren die Kafka-Werke *Der Prozess* und *Das Schloss*, vor allem aber die erwähnte Erzählung *In der Strafkolonie* hervorgehen werden.

Hanns Gross selbst nutzt seine letzten Lebensjahre dazu, die Errichtung eines eigenen Lehrstuhls für Kriminologie an der Universität Graz durchzusetzen. Auch die Gründung des Grazer Kriminalmuseums, des weltweit ersten Instituts dieser Art, geht auf ihn zurück. Nur die Niederschrift seiner Memoiren bleibt er der Nachwelt schuldig: Die in Peter Roseggers

Monatsschrift *Heimgarten* veröffentlichten autobiografischen Aufzeichnungen gehen über Kindheit und Jugend nicht hinaus.

Am 9. Dezember 1915 stirbt der Pionier der Kriminalwissenschaft in seiner Geburtsstadt Graz.

Carmen als Salonnière

Begegnung mit der ukrainisch-österreichischen
Opernsängerin Zoryana Kushpler

Zoryana Kushpler, Mezzosopranistin aus der Ukraine, von 2007 bis 2020 Ensemblemitglied der Wiener Staatsoper, hochgeschätzte Adelaide, Ulrica und – ihre Paraderolle! – Prinz Orlofsky, ist eine uneitle Person. Nicht, um mir mit Szenenfotos von ihren zahlreichen Triumphen auf den großen Bühnen oder ihren Soloauftritten in den berühmten Konzertsälen zu imponieren, zückt die elegante Mittvierzigerin ihr Smartphone, sondern um mich in eine Affäre einzuweihen, die seit Monaten die Kulturszene ihrer Geburtsstadt Lemberg in Atem hält.

Was ist in der einstigen Metropole des österreichischen Kronlandes Galizien, dem heute knapp 800 000 Einwohner zählenden Lwiw, passiert? Wegen eines neuen Denkmals liegen sich die Leute in den Haaren! Es handelt sich um eine hypermoderne Skulptur, die ihnen der aus Deutschland stammende Hrdlicka-Schüler Sebastian Schweikert auf den Malanjuk-Platz gehievt hat – mitten im Herzen der Stadt, nächst Oper und Philharmonie. Gewidmet ist der Bronzekoloss dem jüngeren der beiden Mozartsöhne. Franz Xaver Wolfgang, als Kind »Wowi« gerufen, eifert sein Leben lang dem genialen Vater nach, versucht sich als Komponist, Orchestergründer und Dirigent. Dass er sich dafür über viele Jahre in

Lemberg niederlässt, hängt mit seiner Liebe zu der dort ansässigen, drei Jahre älteren Baronin Josephine Cavalcabò zusammen, die ihm nicht nur alle seine Projekte finanziert, sondern nach seinem frühen Ableben mit 53 auch für ein standesgemäßes Grabmal sorgt (dessen Inschrift kein Geringerer als Grillparzer beisteuert). Mozart junior ist ein um die kulturelle Entwicklung seiner Wahlheimat Lemberg hochverdienter Mann, und dafür sollte er 177 Jahre nach seinem Tod sichtbar geehrt werden. Die Drastik, mit welcher der mit dem Denkmalsprojekt betraute Bildhauer seine Idee umgesetzt hat, den »Schatten« des übergroßen Vaters in die Darstellung einzubeziehen, ist allerdings nicht nach jedermanns Geschmack: Viele Einheimische protestieren gegen das Werk, verlangen gar dessen Abriss. Zoryana Kushpler, die mit mir über das Thema diskutiert, lässt erkennen, dass *sie* auf der Seite der Verteidiger steht. Sind denn die anderen, insbesondere all die herkömmlichen Herrschermonumente, so viel aussagekräftiger?

Überhaupt schwärmt die Ex-Lembergerin und inzwischen überzeugte Wahlwienerin von dem immensen geistig-kulturellen Aufbruch, der ihre Geburtsstadt seit der Republikgründung des Jahres 1991 erfasst hat. Das Theater- und Musikleben blühe, in den Straßen werde flaniert und musiziert, lange verpönte Trachten würden wieder aus den Schränken geholt. »70 Jahre«, so erinnert sie sich an die düsteren Sowjetzeiten, »durften wir nicht unsere Sprache sprechen, nicht unsere Volkslieder singen, nicht in unseren Kirchen beten.«

Zoryana Kushpler in ihrer Paraderolle als Prinz Orlofsky
(rechts Daniela Fally)

Auch die einstige Kaffeehauskultur ist wieder aufgelebt – manche der Lokale sogar unter den historischen Namen. Was ihren eigenen Familiennamen betrifft, so hat Zoryana Kushpler in den örtlichen Archiven Nachforschungen angestellt; in einem der Dörfer, aus denen ein Teil ihrer Ahnen stammt, sind nach wie vor eine Reihe altösterreichischer Familien anzutreffen, deren Vorfahren Untertanen des alten Kaisers im zehn Bahnstunden entfernten Wien gewesen sind.

Bei unserem Treffen im Wiener Imperial (am Tag davor ist bei Madrid eine von Zoryana Kushplers Lehrerinnen, die große Teresa Berganza, gestorben, und in Turin hat die ukrainische Band Kalush Orchestra den Eurovision Song Contest gewonnen) erzähle ich meiner Interviewpartnerin, wie ich mich vor Jahrzehnten, zur Vorbereitung meiner ersten Ukraine-Reise, am Auskunftsschalter des alten Wiener Südbahnhofs vergeblich um eine Bahnverbindung nach Lemberg abmühte. In meinem Nostalgiedusel hatte ich nicht bedacht, dass ich, so lange Zeit nach dem Ende der österreichisch-ungarischen Monarchie, natürlich nach Lwow (heute wäre es Lwiw) hätte fragen müssen. Auch mein Gegenüber erinnert sich an einschlägige Erfahrungen: Am Rande eines ihrer Konzertauftritte in Deutschland machte einer aus ihrem dortigen Betreuerteam sie darauf aufmerksam, dass es auch hier, ja in allernächster Nähe, eine Ortschaft namens Lemberg gebe. Ja, das ist eben das Riskante am allzu sorglosen Umgang mit den »Übersetzungen« von Ortsnamen. (Als ich einmal am Bahnhof von Florenz auf den Streckenschildern eines in Richtung Norden abfahrbereiten Zuges »Stoccarda« las, kam ich erst nach angestrengtem Rätseln dahinter, dass es sich bei dieser Zwischenstation wohl nur um Stuttgart handeln konnte.)

Nun aber wieder zurück zum »richtigen« Lemberg. Hier, im zu jener Zeit noch ganz und gar sowjetisch ausgerichteten »Lwow«, wächst Zoryana Kushpler auf. Ihre Umgangssprachen sind Ukrainisch und Russisch; aufgrund der Nähe zum nur 60 Kilometer entfernten Nachbarland kommt bald auch Polnisch hinzu.

Das Elternhaus ist durch und durch musikalisch: Die Mutter bringt der kaum Fünfjährigen das Klavierspielen bei, dann folgt eine Geigenphase, schließlich tritt Vater Igor in Aktion. Er ist Sänger an der örtlichen Oper, zugleich Gesangsprofessor an der Musikakademie. Für Zoryana sind es entscheidende, aber auch harte Jahre: Mit keinem seiner Schüler ist er so streng wie mit der eigenen Tochter. Noch während des Studiums hat sie erste Auftritte am Lemberger Opernhaus: Zoryana darf die Rosina im *Barbier von Sevilla* und die Maddalena im *Rigoletto* singen – beides mit ermutigendem Erfolg.

Dann aber geht's ab nach Deutschland: Fortsetzung des Gesangsstudiums an der Musikhochschule Hamburg, Meisterkurse bei Größen wie Renata Scotto und Kurt Moll, erster Preis beim renommierten ARD-Musikwettbewerb in München. Mit 29 ist Zoryana reif fürs erste fixe Engagement: In den drei Jahren am Stadttheater Bern brilliert sie unter anderem als Sesto (in *Giulio Cesare*), Marchesa Melibea (in *Il viaggio a Reims*) und Preziosilla (in *Die Macht des Schicksals*).

Die Erfüllung bringt Wien: Ioan Holender holt Zoryana Kushpler 2007 an die Staatsoper, Zwillingsschwester Olena, die ihrerseits als Konzertpianistin Karriere macht (und später mit ihr gemeinsam Liederabende und Plattenaufnahmen bestreiten wird) reist zum *Arabella*-Debüt aus Norddeutschland an.

In der Musikstadt Wien findet sich Zoryana, obwohl ganz auf sich allein gestellt, gut zurecht. Immerhin trifft sie nicht nur in »ihrer«, der Pfarre St. Barbara und in der ukrainischen Botschaft, sondern auch bei der Tagesarbeit in der Oper auf Landsleute: zwei der Orchestermitglieder sind Ukrainer, desgleichen einer der Tenöre, dem Chor gehört sogar einer der ehemaligen Schüler ihres Vaters an. Eine Fülle neuer Partien warten auf die 32-Jährige, neben dem Prinzen Orlofsky in der *Fledermaus* auch die Fenena in *Nabucco*, die Lola in *Cavalleria rusticana*, die Polina in *Pique Dame*, die Olga in *Eugen Onegin*, die Giulietta in *Hoffmanns Erzählungen*, die Marcellina im *Figaro*, die Suzuki in *Madama Butterfly*, auch etliches an Wagner-Figuren. Als Carmen, die der rassigen Schönheit mit dem bezwingenden Mezzo auf den Leib geschrieben ist, reüssiert sie an der Volksoper. Gastspiele führen die Vielseitige (der bald auch die österreichische Staatsbürgerschaft verliehen werden wird) nach Prag, London und New York, auch beim Japan-Gastspiel der Wiener Staatsoper ist sie mit von der Partie. Unter den Dirigenten, mit denen sie zusammenarbeiten darf, sind Größen wie Seiji Ozawa, Sir Neville Marriner, Franz Welser-Möst, Simone Young, Semyon Bychkov und Christian Thielemann. Mit besonderer Freude erinnert sich Zoryana Kushpler an ihre Erfolge an der Seite des Cleveland Orchestra und des Petersen Quartetts, an ihre Auftritte bei den Seefestspielen Mörbisch, an die DVD-Aufnahme von *Wagners Nibelungenring für Kinder*, an Francesco Rosis Spielfilm *La tregua*, bei dem sie der Schauspielerin Agnieszka Wagner ihre Singstimme leiht.

Zoryana Kushplers Abgang von der Wiener Staatsoper fällt beinahe mit dem Ausbruch der Corona-Pandemie zusammen: Dass sich beim Abschiedskonzert für Direktor Dominique Meyer, zu dem sie mit Szenen aus *Carmen* und *Falstaff* beiträgt, mehr Menschen auf der Bühne tummeln als im Saal, bleibt eine schmerzliche Erinnerung. Ganz zu schweigen von den ungeheuren Erschütterungen, die der Musikbetrieb durch den Ausbruch des Ukraine-Krieges erleidet. »Ich hoffe auf ein Wunder!«, ist das Einzige, was sie, die engagierte Patriotin, zu den Vorgängen in ihrem Heimatland sagen möchte. Beim Einsatz für die in Österreich gestrandeten Flüchtlinge – sei es durch Mitwirkung bei Benefizkonzerten, sei es durch Mithilfe in einem der Aufnahmezentren – ihren Beitrag zu leisten, ist für Zoryana Kushpler eine Selbstverständlichkeit.

Ihr neues Leben ist, abgesehen von den sängerischen Verpflichtungen, die sie, wenn auch in geringerem Umfang als früher, weiterhin gern eingeht, vor allem von drei Faktoren bestimmt. Da ist zum einen der Umstieg von der einst Lernenden und später Ausübenden zur nunmehr auch Lehrenden: Sie liebt den Unterricht mit ihren Schülerinnen. Dann – ganz wichtig für sie: ein glückliches Familienleben. Ehegatte Mikhail, den sie in einem georgischen Restaurant kennengelernt hat, ist Geschäftsmann, Sohn Marc, sieben Jahre alt, besucht das Theresianum. Wenn die Vielbeschäftigte – wie jüngst für eine zweimonatige Verpflichtung im belgischen Lüttich – über einen längeren Zeitraum von den Ihren getrennt ist, steigt sie zwischendurch allwöchentlich in den Flieger nach Wien. Neu hinzugekommen ist eine Aufgabe, die sie gleichermaßen künstlerisch wie gesellschaftlich reizt. Mit dem von ihr und ihrem Mann gegründeten *Kushpler-Bron-Salon* will Zoryana die alte Wiener Tradition des anspruchsvollen Hauskonzerts wiederbeleben: Arrivierte ebenso wie Nachwuchstalente erfreuen jeweils ein halbes Hundert geladene Gäste mit ihrem aktuellen Programm. Die Fotos von den bisher schon veranstalteten Soireen zeigen inmitten eines animierten Auditoriums eine rundum glückliche Hausherrin.

Topografische Bezeichnungen in der Ukraine

Ukrainische Bezeichnung (heute)	Russische Übersetzung bzw. Bezeichnung*	Deutsche Übersetzung
Bereslawka	Janowka	
Bukowyna		Bukowina, Buchenland
Charkiw	Charkow	
Donezk	Stalino (UdSSR), Jusowka (Zarenreich)	
Halytschyna		Galizien
Horodok	Gorodok	Grodek
Hnativka	Ignatowka	
Kadijiwka	Kadijewka, Stachanow	
Lwiw	Lwow	Lemberg
Luhansk	Woroschilowgrad	
Lukjaniwka	Lukjanowka	
Mukatschewo	Mukatschewe	Munkatsch
Mykolajiw	Nikolajew	
Perejaslaw	Perejaslaw-Chmelnizki	
Polupaniwka	Polupanowka	
Stryj	Stryj	
Tschystjakowe	Tores	
Tscherniwzi	Tschernowzy	Czernowitz (Tschernowitz)
Tschortkiw	Tschertkow	

* Gemäß der Entstehungs- bzw. Handlungszeit der in diesem Buch vorliegenden Texte.

Text- und Bildnachweis

Textnachweis

Der Text auf den Seiten 105–112 erschien ursprünglich unter dem Titel »Venus im Pelz« in Dietmar Grieser: Weltreise durch Wien. © 2002 Residenz Verlag GmbH. Salzburg – Wien Abdruck mit freundlicher Genehmigung des Residenz Verlages

Bildnachweis

akg-images/picturedesk.com (27), mauritius images/TopFoto (37), Archiv Gerstenberg/Ullstein Bild/picturedesk.com (43), Votava/brandstaetter images/picturedesk.com (61, 126), Archiv Dietmar Grieser (77, 103), ÖNB-Bildarchiv/picturedesk.com (91, 137), Sammlung Rauch/Interfoto/picturedesk.com (109), Joseph Schmidt-Archiv (115), ullstein bild/Ullstein Bild/picturedesk.com (121), Starpix/picturedesk.com (145)

Der Verlag hat alle Rechte abgeklärt. Konnten in einzelnen Fällen die Rechteinhaber der reproduzierten Bilder nicht ausfindig gemacht werden, bitten wir, dem Verlag bestehende Ansprüche zu melden.

Namenregister

»Es ist das höchste der Gefühle ...«

So besingen in Mozarts »Zauberflöte« Papageno und Papagena die Liebe. Erfolgsautor Dietmar Grieser spürt ihr auf seine Weise nach. Am Beispiel namhafter Persönlichkeiten aus Kunst, Literatur und Geschichte erzählt er von der Liebe in all ihren Facetten – von der Mutterliebe und Partnerliebe über die Hassliebe bis zur »verbotenen« Liebe:

Beethovens Mutter – die große Unbekannte
Thronfolger Franz Ferdinands Kampf um seine Sophie
Im Tadsch Mahal von Wien
Brechts erste und Kafkas letzte Liebe
Muttersöhnchen Erich Kästner
Agatha Christie, die zärtliche »Massenmörderin«
Antoine de Saint-Exupéry und seine »kleine Prinzessin«
Geliebtes Asylantenkind Udoka
Eine perfekte Ehe: Benjamin Britten und Peter Pears
Ohne Wien kein »Casablanca«
und vieles mehr

....

Dietmar Grieser

Was bleibt, ist die Liebe

Von Beethovens Mutter bis Kafkas Braut

272 Seiten, mit zahlreichen Abbildungen
ISBN 978-3-99050-136-8
eISBN 978-3-903217-18-8

Amalthea   amalthea.at

Alle Wege führen nach Wien

Seit Jahrhunderten zieht die Stadt an der Donau Menschen aus aller Welt in ihren Bann. Architekten und Ärzte, Komponisten und Schriftsteller, Sängerinnen und Schauspielerinnen, Unternehmer und Staatsmänner haben in Wien ein neues Zuhause gefunden – und die Stadt mit ihrem Genius bereichert.

War Antonio Salieri wirklich so ein Ungeheuer?
Samy Molcho mag kein Wiener Schnitzel
Elisabeth Leonskaja und die Sachertorte
Matthias Sindelar: Fußballgott und Wirtschaftsflüchtling
Kaiser Franz und die Frankfurter Würstel
Hildegard Burjan, die »Mutter Teresa von Wien«
»Kiss me, Olive!«
Eine Protestantin in der Kapuzinergruft: Henriette von Nassau-Weilburg
Julius Meinl: Scheidung aus Liebe
Wien ist seine Rettung: Selbstmordkandidat Friedrich Hebbel

....

Dietmar Grieser

Wien

Wahlheimat der Genies

272 Seiten, mit zahlreichen Abbildungen
ISBN 978-3-99050-157-3
eISBN 978-3-903217-40-9

Amalthea   amalthea.at